创客教育系列丛书

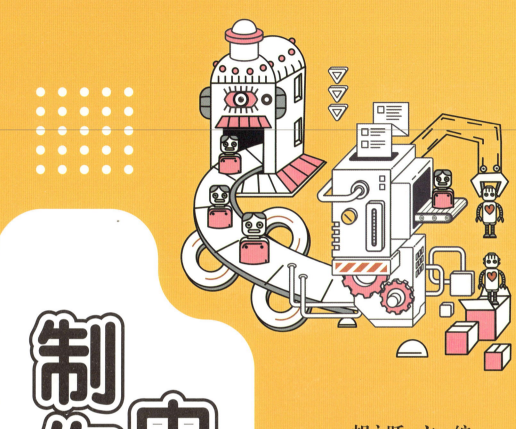

制作电脑

胡永跃 主编
胡莉华 阮德怀 副主编

清华大学出版社
北京

内 容 简 介

本书为创客教育系列丛书小学第一册，内容包括"数字创作""创意编程"两部分，围绕创新思维的培养目标，设计了"我爱我家""好玩的小猫"项目范例，通过自主、探究、合作学习，引领同学们掌握电脑绘画、电子板报、3D设计及图形化编程等基础知识，并能灵活运用这些知识和技能创作数字作品，增强创新意识，发展创新思维，提高创新能力，树立正确的社会价值观和责任感，从而促进同学们创新素养的提升，提高解决实际问题的能力。

本书为创客教育系列丛书小学第一册，适合小学一年级学生阅读使用。

本书封面贴有清华大学出版社防伪标签，无标签者不得销售。
版权所有，侵权必究。侵权举报电话：010-62782989 13701121933

图书在版编目(CIP)数据

电脑制作 / 胡永跃主编．—北京：清华大学出版社，2020.7
（创客教育系列丛书）
ISBN 978-7-302-55894-1

Ⅰ.①电… Ⅱ.①胡… Ⅲ.①计算机课—小学—教学参考资料 Ⅳ.①G624.583

中国版本图书馆CIP数据核字(2020)第108946号

责任编辑：张　瑜
装帧设计：杨玉兰
责任校对：周剑云
责任印制：丛怀宇

出版发行：清华大学出版社
　　网　　址：http://www.tup.com.cn, http://www.wqbook.com
　　地　　址：北京清华大学学研大厦A座　　邮　编：100084
　　社 总 机：010-62770175　　邮　购：010-62786544
　　投稿与读者服务：010-62776969, c-service@tup.tsinghua.edu.cn
　　质量反馈：010-62772015, zhiliang@tup.tsinghua.edu.cn
印 装 者：三河市君旺印务有限公司
经　　销：全国新华书店
开　　本：210mm×285mm　　印　张：8.25　　字　数：198千字
版　　次：2020年8月第1版　　印　次：2020年8月第1次印刷
定　　价：49.80元

产品编号：088182-01

序

全球化和人工智能、大数据、区块链等技术的飞速发展，正在深刻改变着人才需求和教育形态，促使学生掌握在21世纪生存与成功所需的知识与技能，它们被称为21世纪的高阶思维技能、更深层次的学习能力以及复杂的思维和沟通技能。创客教育与STEM教育作为跨学科综合教育的有效形态，在全球范围内，特别是在美国、英国、德国、以色列、芬兰、日本等发达国家，已被提升到国家发展及人才战略的高度。近年来，STEM教育理念在我国也越来越受到广泛重视并达成共识，其优越性体现在以下方面。

一是用知识解决问题。学生需要应用知识和技能，并且必须能够将知识和技能、学习和能力、惰性学习和主动学习、创造性和适应性的学习转化为有价值的高阶思维的分析、评价与创造。

二是批判性思维。批判性思维被认为是21世纪学习的基础，包括对信息的获取、分析和综合，并可以被教授、练习和掌握。批判性思维还利用了其他技能，如交流、信息素养能力，以及检验、分析、解释和评估证据的能力。

三是问题解决能力。21世纪学生的另一个基本能力是解决问题，研究和解决问题的技能包括识别和搜索、选择、评估、组织和权衡备选方案和解释信息的能力。

四是沟通与协作。良好的沟通能力，包括口头和书面表达令人信服的想法的能力，能提出明确的意见，能接受连贯的指示，并通过言语激励他人，这些能力在工作场所和公共生活中都被高度重视。规范的合作学习需要改变课程、教学、评估实践、学习环境和教师的专业发展，21世纪的合作将在学校内部、学校之间、学校内外的沟通之间发展。

五是创新与创造力。在全球化竞争和任务自动化的今天,创新能力和创新精神正在迅速成为职业和个人成功的必要条件,勇于"抓住"问题和实践探究"开拓新领域"的能力,激发新的思维方式,提出新的想法和解决方案,提出不熟悉的问题,并得出意想不到的答案,进一步激发创新和创造力。

六是基于项目和问题的探究式学习是21世纪教与学的核心,是实现21世纪教育目标的理想教学模式。学生们通过设计和构造现实生活中问题的实际解决方案来学习,在小组合作中,学生将开展跨学科知识融合与研究,对项目的不同部分负责,互相评价对方的工作并创造出专业的高质量产品,这将有助于培养学生在现实世界中解决问题的能力。

国内对STEM课程的研究还处于起步阶段,存在概念理解偏差、课程设置不完善以及师资力量不足等问题。一些技术驱动的创客内容,脱离了教育本质,未能以核心素养为本推动学生内在发展。虽然国内也出现了许多课程,如机器人、3D打印、编程等,但大多呈现出碎片化的状态,没有形成一套完整的课程可供大家参考和借鉴。针对这种情况,"创客教育系列丛书"力求以系统化、可持续、可评价的方式开展STEM教育和创客教育的理论研究与实践探索,研发了一套STEM教育和创客教育的系统化课程,完成了从小学、初中到高中的有效衔接,以落实基于21世纪核心素养人才的培养方案。本丛书编写的指导思想,结合了我国国情,从"立德树人、服务选才、引导教学"角度出发,融项目式学习(PBL)、STEM理念于一体,基于通识教育,以项目式学习推进STEM教育。该丛书包括小学三册、初中三册、高中三册,立足于大众创客教育,围绕数字创作、人工智能、创意制作、畅想创作四类课程有效进阶,结合网络学习平台,软硬结合,虚实融合,线上线下整合,培养学生21世纪核心技能。因此,该丛书的内容设计在选取上注重输入与输出的有效对接,每种课程都有合适的出口,最终都呈现出学生作品,与培育精英人才结合,与市、省及国家级的竞赛活动衔接。本丛书解决了跨学科融合与考试升学之间的矛盾;解决了不同地区经费需求不同的问题;解决了创客教育与STEM教育可持续性问题;解决了创客教育师资不足的问题。丛书出版以符合教育部公示并通过审核的面向中小学生的全国性竞赛活动为准,作品无论是虚拟创作还是实体制作,都是一个项目、一种工程。该丛书用项目式学习为师生提供明确的教学指引和学习支架,小学、初中、高中各阶段教材均以知识技能为主线,以项目教学或项目式学习为辅线,通过项目范例、项目选题、项目规划、探究活动、项目实施、成果展示、活动评价等环节引领教与学的活动。丛书中项目教学的思路主要通过项目式学习实施路径和项目活动评价表予以落实。

该丛书立足创客教育与STEM教育战略高度的顶层设计,聚焦教育创新战略,设计教育改革发展蓝图,积极探索新模式,借鉴国际教育发展前沿趋势和国内创新实践,聚焦提升人才培养质量,以为国家建设培养创新人才为核心,整合全社会资源,项目引路,构建由中小学校校内之间、不同学校之间以及校外与科研机构、高新企业、社区和高等学校组成的项目式学习发展共同体,以实施系统完整的创客课程与STEM课程为主线,打造覆盖区域的课程实施基地,面向全体,让每一个学生接受创客教育与STEM教育,通过课程的常态化和人才选拔,培养国家发展急需的创新型人才和高技能人才,为国际教育发展和科技创新型人才培养提供中国智慧和中国方案。

该丛书难免存在缺点和不足,殷切希望广大读者批评指正!

中国教育信息化创客教育研究中心

丛书主编 孙晓奎

2020年7月

给同学们的话

电脑制作是使用计算机设计、制作完成数字化创意作品的过程，是素质教育的一项实践活动，它不仅能激发同学们的学习兴趣、培养同学们的电脑操作能力和创新能力，而且能够培养同学们的意志力和品质，培养同学们在信息化社会中的生存与发展能力，以及团结协作、开拓创新、竞争等能力，使同学们得到多方面的锻炼。

本书为创客教育系列丛书小学第一册，内容包括"数字创作""创意编程"两部分，围绕创新思维的培养目标，设计了"我爱我家""好玩的小猫"项目范例，通过探究、合作学习，引领同学们掌握电脑绘画、电子板报、3D设计及图形化编程等基础知识，并能灵活运用这些知识和技能创作作品，增强创新意识，发展创新思维，提高创新能力，树立正确的社会价值观和责任感，从而促进同学们创新素养的提升，提高解决实际问题的能力。

第一章　数字创作 1

项目范例：我爱我家 2
第一节　电脑制作活动 4
　　一、电脑制作活动的官方网站 4
　　二、小学组数字创作项目简介 5
第二节　数字创作工具 13
　　一、电脑绘画工具 13
　　二、电子板报工具 17
　　三、3D 设计工具 20
第三节　作品创作过程 23
　　一、电脑绘画 23
　　二、电子板报 33
　　三、3D 设计工具 42
第四节　作品分享交流 50
　　一、展示准备 50
　　二、评价的标准 51
本章扼要回顾 54

第二章　创意编程 57

项目范例：好玩的小猫 58
第一节　小猫自我介绍 61
　　一、初识 Scratch 62
　　二、设置场景 63
　　三、小猫闪亮登场 64
第二节　小猫结交朋友 66
　　一、角色面对面 67
　　二、欢迎新朋友 68
　　三、小猫展示才艺 70
　　四、按下空格键小猫展示才艺 71
第三节　小猫看阅兵 72
　　一、绘制路线 73
　　二、坦克动起来 74
　　三、音乐响起来 77
第四节　小猫转风车 79
　　一、前期准备工作 80
　　二、风车转起来 81
　　三、如何让风车一直转 81
第五节　小猫画图形 84
　　一、添加画图神笔 86
　　二、画等边三角形 87
　　三、正多边形排排坐 88
　　四、图形万花筒 91
第六节　小猫爱钓鱼 92
　　一、钓鱼场景准备 93
　　二、鱼儿来回游动 93
　　三、小猫钓鱼 95
第七节　小猫抢红包 99
　　一、设置开始游戏按钮 100
　　二、红包飞起来 101
　　三、看谁抢到的红包多 102
　　四、设置游戏时间 104
第八节　小猫猜成语 105
　　一、游戏前期准备 106
　　二、成语顺序出现 107
　　三、小猫猜成语 108
　　四、游戏结束设置 110
第九节　小猫闯华容道 112

一、游戏前期准备 113
二、让方块移动起来 115
三、方块排排放 117
本章扼要回顾 119

附录　项目活动评价表 121

第一章
数字创作

数字创作以电脑科技为基础进行设计创作，是一种新颖的艺术创作手段。现今的电脑技术已成为艺术设计的重要工具。它不仅带来了新的造型语言和表达方式，同时也引发和推动了艺术设计方法的变革，其中不乏适合小学生使用及创作的软件。数字创作作为一种新的艺术创作手段，正成为当代各类艺术设计的宠儿。

本章为"数字创作"，通过了解电脑制作活动，引领同学们找到自己感兴趣的项目，然后在"电脑绘画""电子板报"以及"3D 设计"等项目制作中，学会电脑设计的基本流程，自主探究，掌握一种项目制作的工具。通过本章的学习，同学们可以快速地设计出富有创意的绘图作品、内容丰富的板报，以及形态逼真的 3D 作品等，并通过展示交流促进自己作品的升级及改进。

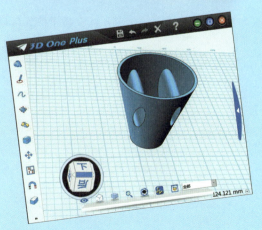

第一节　电脑制作活动
第二节　数字创作工具
第三节　作品创作过程
第四节　作品分享交流

项目范例：我爱我家

● **情境**

家，是滋养爱的地方。家，虽然是简单的一个字，却承载着我们毕生的情感。我爱我的家，应如何利用数字创作的作品来表达我们对家的爱呢？

● **主题**

我爱我家

● **规划**

根据项目范例的主题，在小组中组织讨论，制订项目学习规划，例如：
（1）有哪些类型的电脑作品可以表达主题？
（2）小组选择哪种类型的项目？原因是什么？
（3）该类型的作品用哪些工具制作？小组的选择是什么？
（4）该类型作品的制作流程是怎样的？
（5）小组成员分工与研究进度怎样安排？如何分享创意？

● **探究**

根据项目学习规划的安排，通过调查和案例分析、文献阅读或网上搜索资料，开展"我爱我家"项目学习探究活动，如表1-1所示。

表1-1 "我爱我家"项目学习探究活动

探究活动	学习内容	知识技能
作品印象	电脑制作活动数字创作项目	1. 了解电脑制作活动的目的 2. 了解各类项目的要求 3. 分析数字创作项目的主题 4. 确定小组创作的项目类型
作品构思	数字创作实施流程 数字创作工具 创作准备	1. 了解所选项目的实施流程 2. 了解所选项目的制作工具 3. 选择工具，分工协作

续表

探究活动	学习内容	知识技能
作品创作	数字创作工具的使用方法	1. 探究学习工具的使用 2. 合作完成作品
	使用工具创作作品	
作品分享	作品挖掘与语言表达	1. 挖掘作品特色，善用文字、口头、肢体语言 2. 善用数字化手段表达与分享作品
	多媒体与数字化工具	

● 实践

实施项目学习各项探究活动，了解数字创作的类型，掌握一种类型作品的制作方法。

● 成果

在小组开展项目范例学习的过程中，梳理小组成员在学习活动中的观点，建立观点结构图，运用多媒体创作工具（如演示文稿、在线编辑工具等）进行综合加工和表达，形成可视化学习成果（如项目研究报告），并通过各种分享平台发布。

● 评价

参照本书附录中的"项目活动评价表"，对项目范例的学习过程和学习成果在小组和全班中，或在网络上开展交流，进行自评和互评。

● 项目选题

请同学们以 3 ～ 6 人为一组，选择下面一个参考主题，或者自拟一个感兴趣的主题，开展一个数字创作项目学习：

(1) 我爱 _____（你的学校）。

(2) 我爱 _____（你所在的镇区）。

(3) 我爱 _____（你所在的城市）。

第一节　电脑制作活动

2000年，教育部提出"在中小学普及信息技术教育，以信息化带动教育的现代化，努力实现我国基础教育跨越式发展"战略目标，"全国中小学电脑制作活动"正式拉开帷幕。"全国中小学电脑制作活动"的指导思想是："丰富中小学生学习生活；重在过程，重在参与；激发创新精神，培养实践能力，全面推进素质教育。""电脑制作活动"的主题是——探索与创新，即鼓励广大中小学生结合学习与实践活动及生活实际，积极探索、勇于创新，运用信息技术手段设计、创作电脑作品，培养"发现问题、分析问题和解决问题"的能力。

一、电脑制作活动的官方网站

登录百度网站，搜索"电脑制作活动"，可以找到全国中小学电脑制作的官方网站，在这里同学们可以看到从2000年以来的活动情况，如图1-1所示。

图1-1　全国中小学电脑制作活动网站

探究活动

【分析】

在最新一届的全国中小学电脑制作活动中，观察小学组有哪些项目，哪些项目属于数字创作项目，分别有什么要求，在表1-2中进行记录。

表1-2　全国电脑制作活动项目分析

项目名称	数字创作项目（√）	上交文档类型	大小要求	其他

二、小学组数字创作项目简介

1. 电脑绘画

运用各类绘画软件制作完成的作品，可以是主题性单幅画或表达同一主题的组画、连环画（建议不超过5幅）。创作的视觉形象可以是二维的或三维的，可以选择写实、变形或抽象的表达方式。表现形式可以是运用鼠标或数字笔模拟手绘效果，即用一定的技术处理手法，用电脑来模拟手绘效果；也可以是根据主题，利用数字化图形图像处理工具对图像素材进行再加工。每个年度都设定不同的主题，同学们需要紧贴主题进行创作。同时需要注意，单纯的数字摄影画面不属于此项目范围。图1-2所示的《老师，我来擦》与图1-3所示的《红枣心边疆情》是获得全国一等奖的作品。

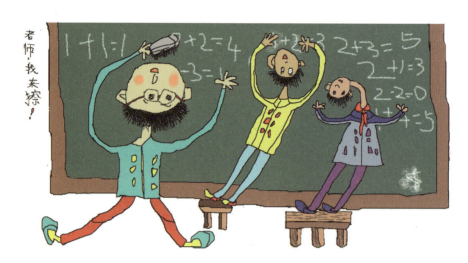

图1-2 《老师，我来擦》

图1-3 《红枣心 边疆情》

【分析】

（1）仔细欣赏《老师，我来擦》和《红枣心 边疆情》两幅作品，选择一幅你喜欢的作品，分析它想要表达的主题是什么，用了什么样的表达方式，使用了什么技术来实现。

（2）仔细欣赏图1-4所示的《捕鱼乐》，分析它想要表达的主题是什么，使用了什么样的表达方式。

1.捕鱼乐之一路上

2.捕鱼乐之二欢庆

3.捕鱼乐之三丰收

图1-4 《捕鱼乐》

2. 电脑绘画（"和教育"专项）

这个与电脑绘画的要求基本一致，不同的地方是主题需要紧扣基于移动互联网、使用"和教育"移动学习平台的家庭教育、教学学习场景。图1-5所示的《不同的学校，同一个课室》与图1-6所示的《成长快车》获得了该项目全国一等奖。

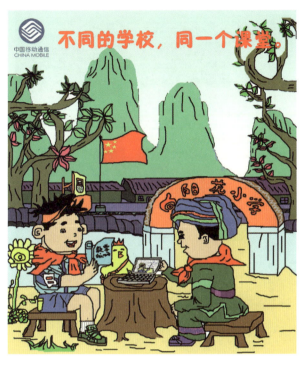

图1-5 《不同的学校，同一个课室》　　图1-6 《成长快车》

【分析】

仔细欣赏《不同的学校，同一个课室》和《成长快车》两幅作品，选择一幅你喜欢的，分析它想要表达的主题是什么，用了什么样的表达方式，使用了什么技术来实现，它是如何紧扣主题的。

3. 电子板报

电子板报指运用文字、绘画、图形、图像等素材和相应的处理软件创作的适用于电子屏幕展示的电子板报或电子墙报作品。设计要素包括报头、标题、版面设计、文字编排、美术字、插图和题花、尾花、花边等部分，一般不超过4个版面。

电子板报应以文字表达为主，辅之适当的图片、视频或动画；主要内容应为原创，通过网上下载或其他渠道搜集、经作者加工整理的内容，不属于原创范畴。图1-7、图1-8所示的《龙娃小报》与图1-9、图1-10所示的《民间游戏进校园 传统文化现新颜》是使用不同工具制作完成的电子板报作品，都是全国一等奖作品。

电脑制作

图1-7 《龙娃小报》（1）

图1-8 《龙娃小报》（2）

图 1-9 《民间游戏进校园 传统文化现新颜》（1）

图 1-10 《民间游戏进校园 传统文化现新颜》（2）

【分析】

仔细欣赏《龙娃小报》和《民间游戏进校园 传统文化现新颜》两幅作品，选择一幅你喜欢的，分析它想要表达的主题是什么，圈出报头、标题、美术字、插图和题花、尾花、花边等部分。

【思考】

两幅作品的版面设计、文字编排各有什么特点？

4. 3D 创意设计

3D 创意设计主要在于鼓励学生去观察生活、发现新事物，参考生活中的常见事物，使用各类计算机三维立体设计软件创作设计的作品。要求首先完成设计说明文档，根据设计说明文档进行三维模型的设计、搭建和零件装配，并制作相关功能演示动画或视频。《超级智能眼镜》是全国一等奖获奖作品，图 1-11 是它的演示 PPT，通过 PPT 介绍项目再结合图 1-12 进行 3D 模型演示。

图 1-11　《超级智能眼镜》演示 PPT

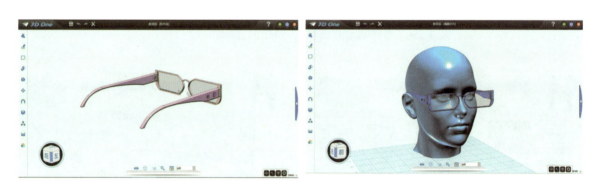

图 1-12　《超级智能眼镜》3D 模型演示

《共享单车停放系统》也是全国一等奖作品，图 1-13 是作品说明文档同时也是 PPT 演示文档，配合图 1-14 的打印成品进行实物演示。

图 1-13　《共享单车停放系统》说明文档

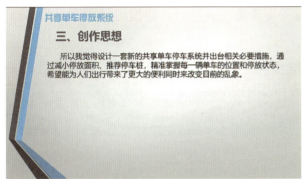
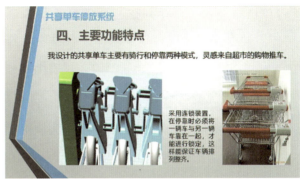
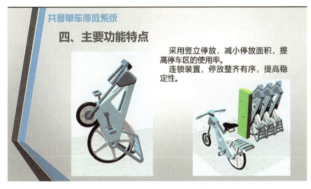
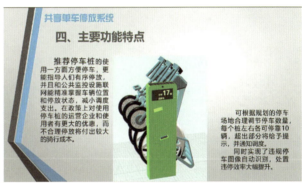

图1-13 《共享单车停放系统》说明文档（续）

图1-14 《共享单车停放系统》视频演示

【讨论】

仔细欣赏《超级智能眼镜》和《共享单车停放系统》两幅作品，与同学们讨论它们解决了生活中的什么问题呢？

【思考】

选取其中一个作品进行思考，它的设计亮点都有哪些？

● 项目规划

（1）各小组根据项目选题及拟定数字创作项目，在□中打√：

□电脑绘画　　□电脑绘画（"和教育"专项）
□电子板报　　□3D创意设计

(2) 结合本节所学知识，各小组根据本组的项目选题，参照项目范例的样式，利用思维导图等工具，在表1-3中制定相应的项目方案。

表 1-3　项目规划表

内容	规划详情及分工	完成的时间
选择工具		
制作流程		
学习内容		
组织分享		

方案交流

各小组将完成的方案在全班进行展示交流，师生共同探讨、完善相应的项目方案。

第二节　数字创作工具

在全国中小学电脑制作活动中，小学数字创作的类型包括电脑绘画、电子报刊以及3D创意设计。很多软件都能完成这些项目，选择一个适合自己水平的，有助于快速完成项目或者更好地完成项目。

一、电脑绘画工具

电脑绘画不同于一般的纸上绘画，它是用电脑的手段和技巧进行创作的，能表现出丰富多彩的生活、事物、事件、活动，以及同学们的向往和想象等。电脑绘画最大的优点是颜色处理真实、细腻、可控，其次是修改、变形、变色方便，再次是复制方便，放大缩小方便，以及制作速度快捷，保存时间久及运输方便，画面效果奇特等。许多软件提供电脑绘画功能，上网搜索便能找到许多绘图软件的介绍，如画图、Photoshop 和 Painter 等，它们有各自的特点。

1. 画图

画图是一个简单的图像绘画程序，如图 1-15 所示，同学们可以自己绘制图画。它有多种的画笔类型，图形的种类也很多，还可以对现有的图片进行编辑修改。利用它可以创作出许多有趣的作品，如图 1-16 所示。

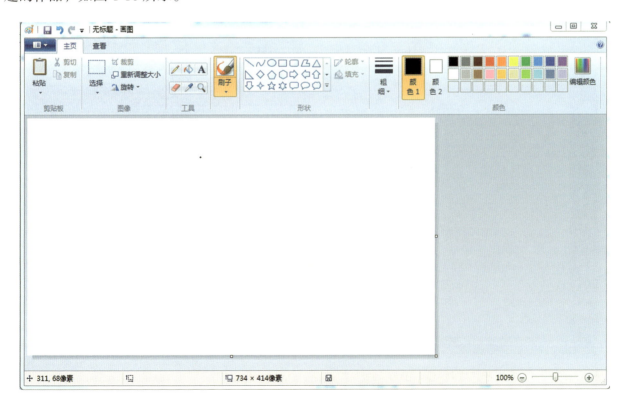

图 1-15　画图软件界面

《红海滩》

《说悄悄话》

图 1-16　画图工具绘制的全国一等奖作品

画图工具是 Windows 系统自带的绘图工具，它的界面简洁，功能简单，对初学者来说非常容易学会。但是作品的效果也会比较单一，二次修改的难度也比较大，绘图前要先构思再下笔。

2. Photoshop

作为图像处理软件，Photoshop 的应用非常广泛，不论是与平面广告设计、数码照片处理，还是网页设计领域，都有着密切的联系，在各行业中都发挥着不可替代的重要作用，如图 1-17 所示。

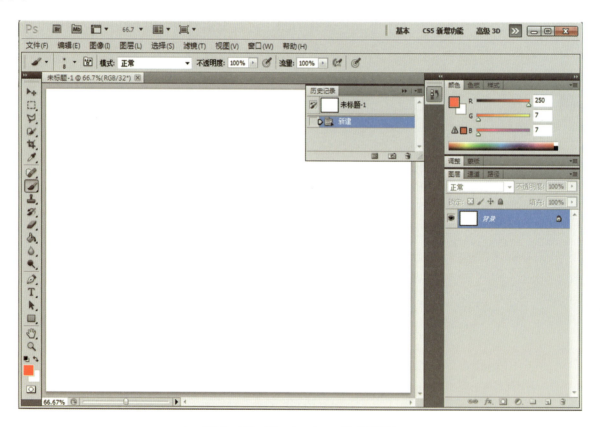

图 1-17　Photoshop 软件界面

Photoshop 具有良好的绘画与调色功能。平面设计是 Photoshop 应用最为广泛的领域之一，无论是用户正在阅读的图书封面，还是大街上看到的海报、招贴，这些具有丰富图像的平面印刷品，基本上都需要 Photoshop 软件对图像进行处理，如图 1-18 所示。

图 1-18　Photoshop 创作的作品

Photoshop 相比画图工具增加了特殊功能的版块，如图层，在绘制的过程中把不同的绘制对象放在不同的图层中，此后可以灵活操作，如复制，改变部分图形的位置、大小、颜色等，为绘图以及后期修改都提供了更大的便捷。但是要掌握这些技巧需要一定的学习时间，难度也比画图工具要大。

3. Painter

Painter 与 Photoshop 相比，界面相对简单，但参数的设置增加了许多，而且还增加了画纸的选择，如图 1-19 所示。

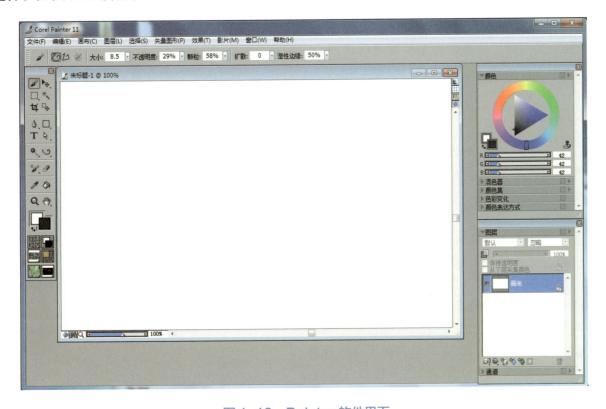

图 1-19　Painter 软件界面

它完全模拟了现实中作画的自然绘图工具和纸张的效果，并提供了电脑作画的特有工具，为艺术家的创作提供了极大的自由空间，使得在电脑上作画就如同纸上一样简单、明了，无论是水墨画、油画、水彩画，还是铅笔画、蜡笔画都能轻易绘出。在 Painter 中，同学们可以轻松创作出效果真实的数码水彩画、素描、粉笔画、油画等，让创意的自由度更加广阔，如图 1-20 所示。

图 1-20　Painter 创作的作品

本身具有水彩画、素描、粉笔画、油画功底的同学，可以尝试使用 Painter 来进行创作。它的使用技巧难度与 Photoshop 不相上下。

【交流】

（1）上网搜索还有哪些电脑绘画的软件，它们有什么特色和功能？

（2）与小组成员交流查找的资料，对比各软件的优劣以及学习的难度，选择适合的软件开始学习。

【阅读】

数位板

数位板可以让你找到拿着笔在纸上画画的感觉，如图 1-21 所示。不仅如此，它还能做很多意想不到的事情。它可以模拟各种各样的画笔，例如模拟最常见的毛笔：当我们用力的时候毛笔能画很粗的线条；当我们用力很轻的时候，它可以画出很细很淡的线条。它也可以模拟喷枪，当你用力一些的时候它能喷出更多的墨和更大的范围，而且还能根据笔倾斜的角度喷出扇形等的效果。除了模拟传统的各种画笔效果外，它还可以利用电脑的优势，做出传统工具无法实现的效果，例如根据花草贴图，利用数位板，只需要轻轻几笔就能很容易地绘出一片开满大大小小、形状各异的鲜花的芳草地。

图 1-21　数位板

好的硬件需要好的软件的支持，数位板作为一种硬件输入工具，结合 Painter、Photoshop 等绘图软件，可以创作出各种风格的作品，如油画、水彩画、素描等。利用数位板和压感笔，结合 Painter 软件就能模拟 400 多种笔触，如果你觉得还不够，还可以自己进行定义。

二、电子板报工具

电子板报是指运用各类文字、绘画、图形、图像处理软件，参照电子出版物的有关标准，创作的电子报或电子刊物，它是将信息以数字形式存储，并可通过电脑设备本地或远程读取使用的连续出版物。简单地说，电子板报就是综合了声音、图像、动画、视频等元素的数字杂志。它具有可视性、交互性、多样性、娱乐性、传播速度快、免费等特点。就广义而言，任何以电子形式存在的期刊皆可称为电子期刊。现在电子板报已经进入第四代，是基于 HTML 5 技术，可全面支持位置信息服务、电话、3D、重力感应、数据分析识别等交互体验的新一代电子板报。

许多软件提供了多媒体素材编辑功能，上网搜索能找到这些软件的介绍，如 Word、PPT 和 iebook 等，它们有各自的特点。

1. Word

Word 对于同学们来说并不陌生，在计算机应用中，它是文字处理的常用工具，如图 1-22 所示。

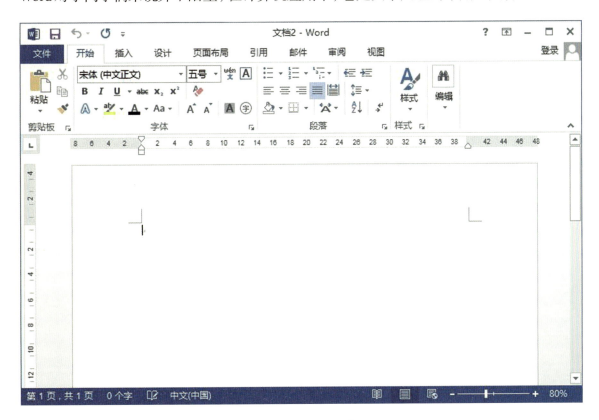

图 1-22　Word 软件界面

它有强大的文字编排能力，又具有图文混排的功能。使用它，能轻松地编辑出类似报纸的板报作品，如图 1-23 所示。

电脑制作

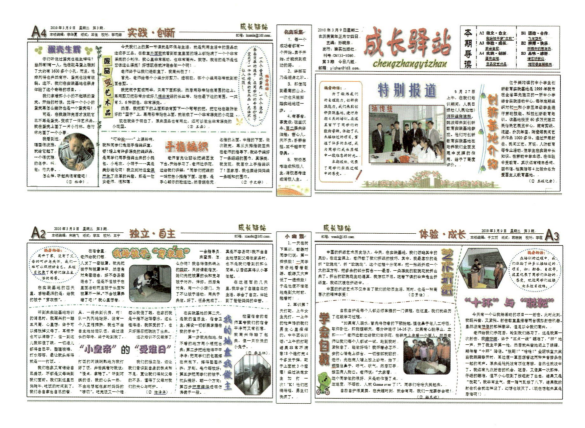

图1-23　第11届全国电脑制作活动获奖作品

Word功能简单，学习难度低，是快速制作电子板报的不二之选。

2. PPT

PPT又称演示文稿，它能整合文字、图片、音乐以及视频等多媒体素材，加上一些特效动态演示，酷炫的效果能强烈地吸引观众的眼球，让他们多感官地接收信息，如图1-24所示。

图1-24　PPT软件的界面

PPT 的图文排版较 Word 更便捷。而且它还有母版功能,这是一个比复制更方便的技能。它的超级链接设置,可以让读者进行有互动的阅读选择,让电子板报更贴近电子化的意义,如图 1-25 所示。

图 1-25　第 16 届全国中小学电脑制作活动获奖作品

3. iebook

iebook 超级精灵整合电子板报的制作工序,将部分相似工序进行构件化设计,使得用户可重复使用、高效率合成标准化的电子板报,如图 1-26 所示。

图 1-26　iebook 软件界面

它同时提供多套精美动画模板及页面特效,用户通过更改图文、视频即可实现页面设计,呈现良好制作效果;其操作简单方便,可轻松制作出电子板报。它可以直接生成 4 种传播版本,包括独立 EXE 文件，以及 Web 在线版本等，如图 1-27 所示。

图 1-27　第 16 届全国中小学电脑制作获奖作品《爱的传递》

【交流】

上网搜索还有哪些制作电子板报的软件，它们有什么特色和功能？与小组成员交流查找的资料，对比各软件的优劣以及学习的难度，选择适合的软件开始学习。

三、3D 设计工具

1. 3D One

3D One 是为中小学生实现创意设计而开发的一款三维创意设计软件。软件界面简洁、功能强大、易于上手，能够轻松表达想法，如图 1-28 所示。

3D One 配套有丰富的本地及线上模型库，支持 3D 设计和 3D 打印机的一键连接。根据中小学生的特点，提供一目了然的功能布局及操作指引，更易上手。作品效果如图 1-29 所示。

2. ABC3D

ABC3D 软件是根据中小学生的学习特点而研发的一款专门用于中小学 3D 打印创客教育的三维设计、打印软件，如图 1-30 所示。

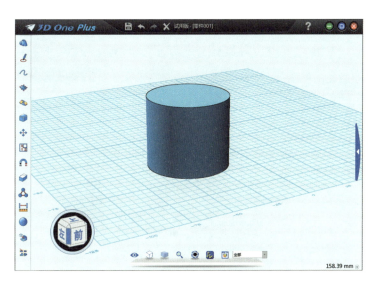

图 1-28　3D One 软件的界面

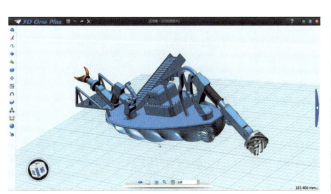

《河流清道夫》　　　　　　　《贪吃小鲸鱼》

图 1-29　第 20 届全国中小学电脑制作获奖作品

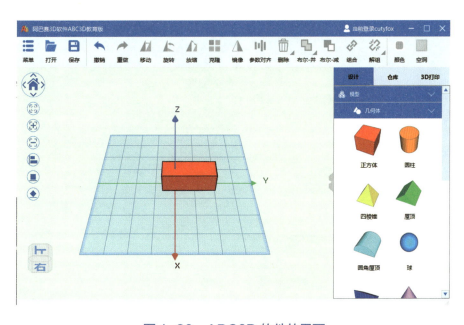

图 1-30　ABC3D 软件的界面

ABC3D 具有上手简单、逻辑清晰、曲面造型、功能强大、直接打印、无限分享、延续性强等特点，包含积木建模、二维转三维、骨架球建模、曲面建模、文字建模、旋转建模、浮雕建模、精准建模等多项功能插件，能够更快速地完成更丰富、更有趣的创意设计，对于学生创造力的提升具有很大帮助，作品效果如图 1-31 所示。

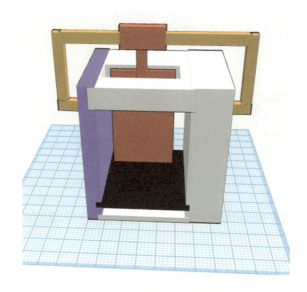

图 1-31 《方便切菜机》

3. Blender

Blender 是一款开源的轻量级跨平台全能三维动画制作软件，提供从建模、动画、材质、渲染，到音频处理、视频剪辑等一系列动画短片制作解决方案，如图 1-32 所示。

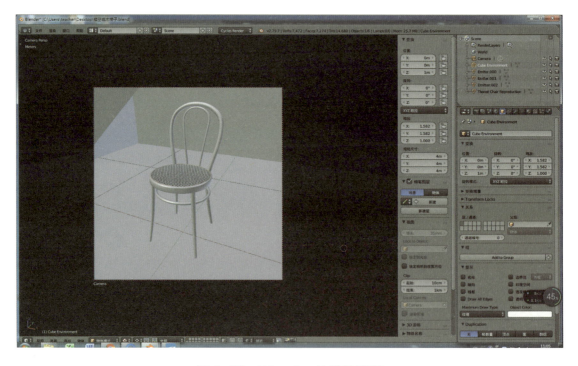

图 1-32 Blender 软件的界面

【交流】

上网搜索还有哪些 3D 设计的制作软件，它们有什么特色和功能？与小组成员交流查找的资料，对比各软件的优劣以及学习的难度，选择适合的软件开始学习。

● 项目实施

各小组根据项目选题及拟定的项目方案，结合本节所学知识，进一步修订、完善项目方案，按照项目进度实施各项活动。

第三节　作品创作过程

选择好工具以后，同学们就要开始设计、创作自己的作品了。各类型作品的设计流程都各有不同，让我们一起来了解一下吧。

一、电脑绘画

1. 寻找灵感

创作需要灵感，灵感来自哪里呢？什么样的作品能表达"我爱我家"的主题呢？同学们可以利用思维导图帮助梳理思路并找出创作的灵感。如图 1-33 所示，首先列出与家相关的信息。

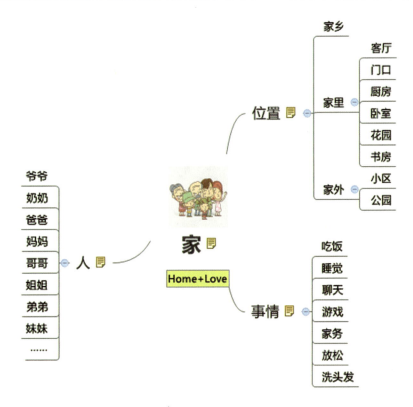

图 1-33　家的思维导图

其次，同学们可以对其中的项目进行组合，看看能否擦出创意的火花。如在思维导图中勾选：妹妹、门口、吃饭，如图 1-34 所示。

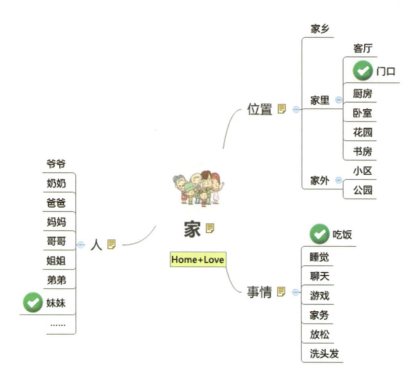

图 1-34　在思维导图中进行组合

这三样就能组成一幅画面：在家门口，姐姐端着饭碗一勺一勺地喂妹妹吃饭，这是多么淳朴的姐妹间的关爱，这情、这景让人回味深长！由此，我们可以创作出如图 1-35 所示的电脑绘画作品《姐妹》。

图 1-35　第 15 届全国中小学电脑制作获奖作品《姐妹》

又如勾选：妈妈、花园、洗头发，如图1-36所示。

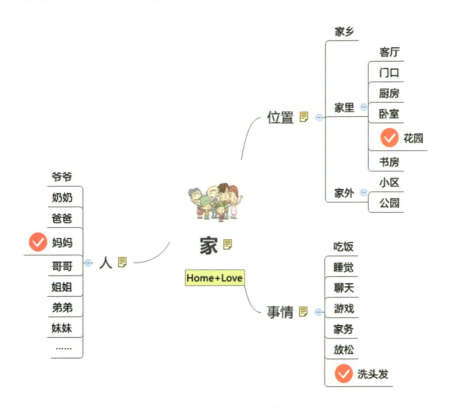

图1-36 在思维导图中进行组合

这三样能组成我帮妈妈洗头的温馨画面，为家人做一些力所能及的事，不也是一种爱的表现吗？由此，我们可以创作出如图1-37所示的电脑绘画作品。

图1-37 第17届全国中小学电脑制作获奖作品《妈妈洗头我帮忙》

通过思维导图的发散思维，寻找家这个主题相关的人物、事物等，再随机进行组合配对，说不定就能引出一个创意的点子。其实，创意都是来自于生活的点滴，只要你细心观察，就能找到闪光点，再把它们变成一幅电脑绘画作品就可以了。

探究活动

【实践】

根据自己的主题，仿照图 1-33 绘制思维导图，寻找创作的灵感。

2. 电脑绘画准备

选择妈妈、扫地、客厅等关键词，确定绘画的内容为《我帮妈妈来扫地》，来表达我爱我家的主题。在开始电脑绘图前，同学们可以先在画纸上进行简单的构图设计。常用的构图模式有对角式构图、环形式构图、九宫格式构图、开放式构图、正三角式构图，等等。根据自己的设计意图选择一种构图方式，在纸上先绘制出草稿，如图 1-38 所示。

图 1-38 我爱我家草图——对角式构图

【交流】

与小组成员交流有关绘画构图、色彩等美术知识，并确定哪些是准备用于自己的创作中。

3. 绘制技巧

电脑绘画软件，各自有不同的特色功能，同学们可以根据设计的需要进行相关的学习。以下几个方面是同学们肯定会用到的。由于画图工具简单易学，本节将以其为例进行介绍。

（1）画纸

画纸的大小、形状需要先进行设置，以便更好地进行构图。让我们来看看在画图软件中，如何设置画纸的大小，如图1-39所示。

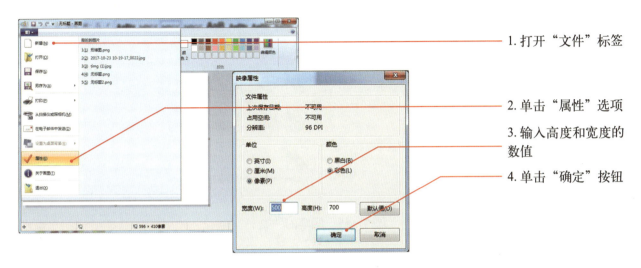

图1-39　设置画纸的大小

电脑绘画与一般纸质绘画相比的优势之一，就是画纸的大小、方向都可以随时进行修改调整，如图1-40所示。

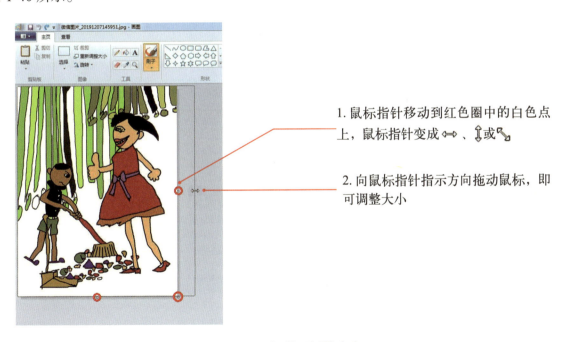

图1-40　调整画纸的大小

（2）笔刷

画图工具中提供了包括铅笔在内共10种笔刷，如图1-41所示。

每个笔刷工具配有4种不同粗细的线条，如图1-42所示。电脑绘画与一般纸质绘画相比的优势之二，就是能随意切换笔刷的类型以及粗细，同学们可以根据需要灵活选择，绘制出不同风格的作品。

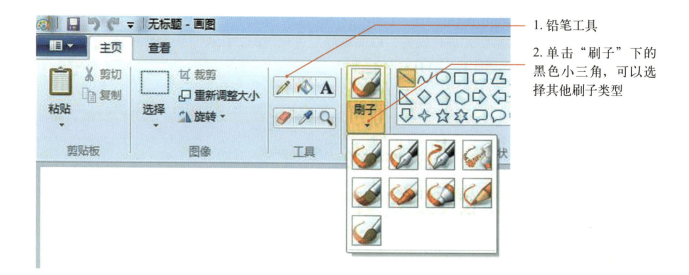

图 1-41 画笔的种类

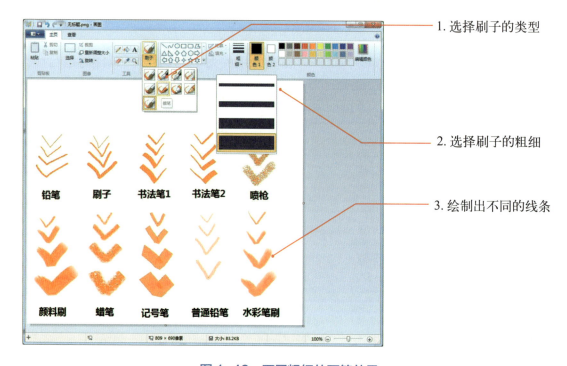

图 1-42 不同粗细的画笔效果

（3）色彩

色彩是绘画中最有表现力的要素之一，它的性质直接影响人们的感情。丰富多样的颜色能提升作品的创造形式和意义。在画图工具中，设置了 20 种常用色，同时还提供了 10 个自定义颜色的格子，由创作者自由添加。这既能为绘图提供便利，又提供了个性化的选择。添加自定义颜色的步骤如图 1-43 所示。

掌握以上 3 点即可完成一幅电脑绘画作品了。不同的绘图软件还提供了不同的特殊技能以提升绘图效率与效果，让我们继续探究电脑绘画比纸质绘画的优势吧。

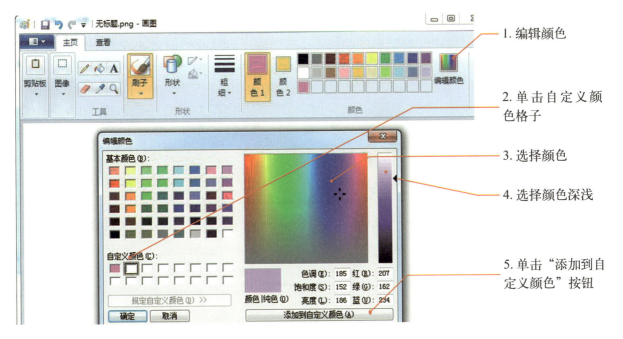

图 1-43　添加自定义颜色

4. 线与图形

绘画中，同学们需要用到大量的线与图形，如：直线、曲线、圆形、长方形等。纸质绘图时，同学们需要借助工具来实现这些线与图形的绘制，而电脑绘画中则能轻松实现。

（1）直线

选择直线形状后，拖动鼠标即可绘制出一条直线，若配合键盘上的 Shift 键，则可以快速画出水平、垂直以及 45°的直线，如图 1-44 所示。Shift 键同样适用于其他形状，如配合圆形形状则绘出正圆。

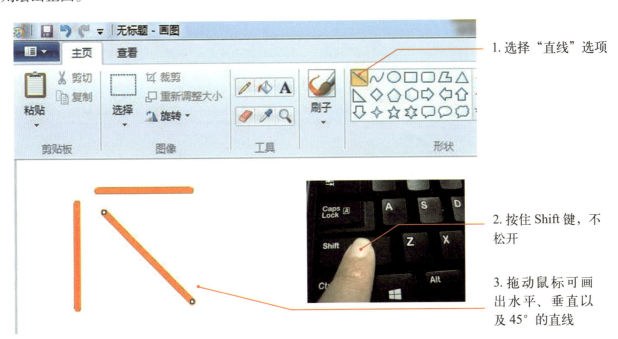

图 1-44　特殊直线的画法

（2）曲线

使用画图工具，可以画出3种类型的曲线：S形曲线、拱形曲线以及水滴形曲线。选择曲线形状后，必须经过3次鼠标的操作才算完成曲线绘制的过程，如图1-45所示。

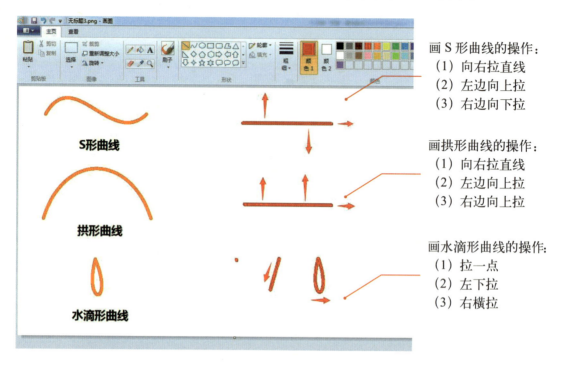

图1-45 曲线的3种画法

（3）形状

其他形状只有多边形工具比较特殊，需要从一点开始连续绘制，回到起点封闭图形后才算完成，如图1-46所示。

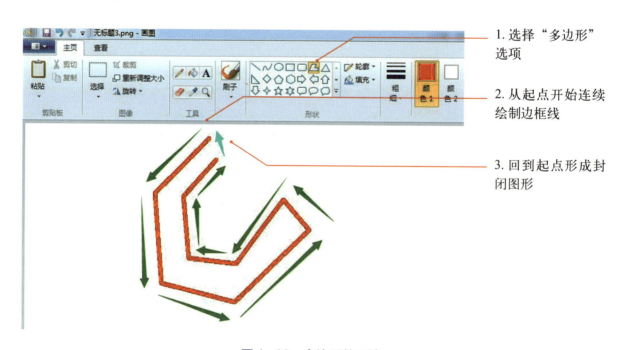

图1-46 多边形的画法

另外，除了直线、曲线外，其他形状多了轮廓与填充颜色的选项，如图1-47所示。

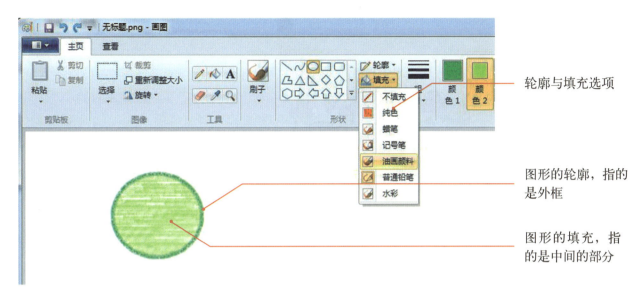

图1-47　形状的轮廓与填充

【思考】

图形轮廓与填充中有一个"不填充"选项，如何利用轮廓不填充来绘制图形？如何利用填充来绘制图形？

5. 选择与移动、复制与粘贴

利用电脑绘画中的选择与移动、复制与粘贴的操作，可以使得图案进行再修改与重复利用，这是电脑绘画的又一大特点。这个特点能节省绘画的时间成本，提高绘图的效率，避免犯错造成无法修改的尴尬情形，如图1-48所示。

图1-48　移动、复制对象

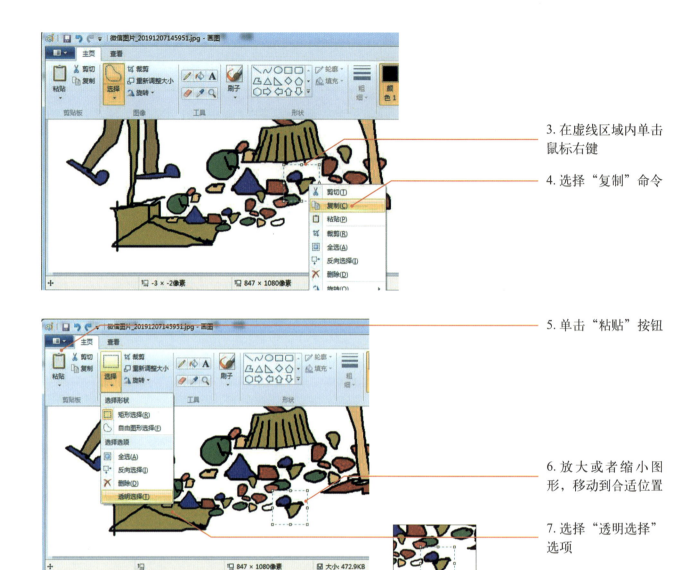

图 1-48　移动、复制对象（续）

【阅读】

在画图工具的颜色工具栏中有"颜色1"和"颜色2"，它们有什么区别呢？
（1）快捷使用。使用笔刷工具时，拖动左键使用"颜色1"，拖动右键使用"颜色2"。
（2）使用橡皮擦，擦出"颜色2"。
（3）选择"透明选择"选项时，将去掉"颜色2"的颜色。

● 项目实施

各小组根据项目选题及拟定的项目方案，结合本节所学知识，进一步修订、完善项目方案，并根据自己的主题绘制思维导图，然后在图中进行选择组合，确定自己作品的表达方式并画出草图。根据方案学习相关电脑绘画知识，完成作品。

思维导图

草图

二、电子板报

电子板报与电脑绘画不一样,它主要通过文章的叙述来表达主题,而且在板报中出现的文章要注重原创性,图片、音乐、视频、装饰等为辅,因此前期的准备显得更为重要。

1. 确定主题及栏目

我爱我家,我爱我的爸爸。爸爸的爱是严厉的教诲,是在外辛苦地工作,是每一份出差之后为我们带来的礼物。妈妈爱我们，爸爸也爱我们。爱，就如阳光般温暖着我们的心，但尽管如此，我们也总觉得还缺少点什么，难道是这些爱还不够？不。爱，谁都不会少，我们缺的不是爱，是陪伴！通过电子报刊表达我们对爸爸陪伴的呼唤，确定电子报刊的主题是《爸爸去哪儿》，制定4个栏目方案如下：爸爸又没来、爸爸在哪儿、爸爸我想你、爸爸快回来。

探究活动

【实践】

根据小组确定的主题拟定电子板报的刊名和栏目，记录在图1-49中。

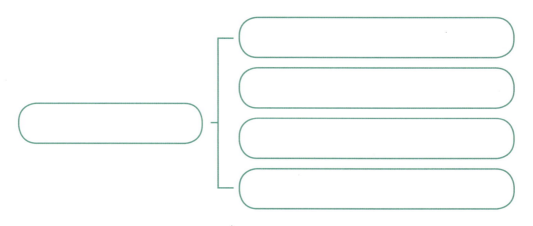

图 1-49 规划电子板报的刊名和栏目

2. 准备素材

电子板报中需要的文章数量较大，可以通过两种常见的途径进行搜集。其一，是从自己平时积累的文章中挑选。其二，以邀稿的方式，邀请同学和朋友为相关的主题撰写一篇文章。众人拾柴火焰高，很快你就能准备好文章素材了。

此外需要准备与主题相关的照片、视频、花边装饰素材以及背景音乐等素材，如图1-50所示。

图 1-50 电子板报中的素材类型

将搜集的素材整理好，存放在文件夹中，如图 1-51 所示。

图 1-51　电子板报搜集的素材

【实践】

在表 1-4 中，制订素材搜集计划并分工。

表 1-4　电子板报素材搜集计划及分工表

内容	规划详情及分工	完成的时间
文章		
照片		
视频		
装饰花边		
音乐		

3. 制作技巧

电子板报的制作软件，有各自不同的特色功能，同学们可以根据设计的需要进行相关的学习。以下几个方面是同学们肯定会用到的。由于 PPT 简单易学又通用，本节将以其为例介绍电子板报的制作技巧。

（1）纸的设置

观看电子板报作品时，会发现不同的作品有不同的版面设计，如图 1-52 所示。

竖版　　　　　　　　　　　　　16:9 横版

4:3 横版

图 1-52　电子板报的不同页面设置

可以根据自己的需要对页面大小进行设置，如图 1-53 所示。

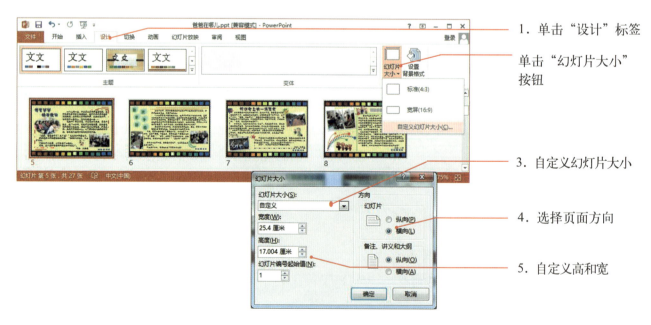

1．单击"设计"标签

2．单击"幻灯片大小"按钮

3．自定义幻灯片大小

4．选择页面方向

5．自定义高和宽

图 1-53　电子板报的页面设置

（2）增加页面

板报中包括多个页面，同学们需要根据自己的需要进行页面数量的增减，如图1-54所示。

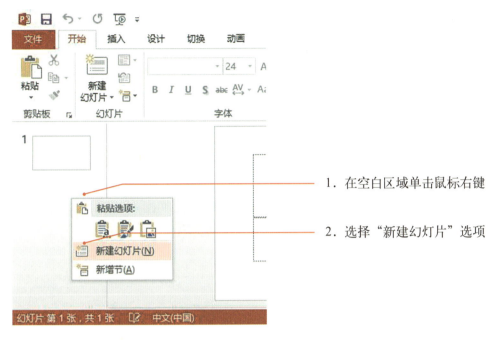

图1-54 插入页面

（3）文本框

在PPT中的文字一般都放在文本框中。建立页面后，一般提供1～2个文本框，在框内单击即可添加文字。若不添加文字，幻灯片播放时不会显示任何内容；若文本框不够用，则需要自己添加文本框，如图1-55所示。

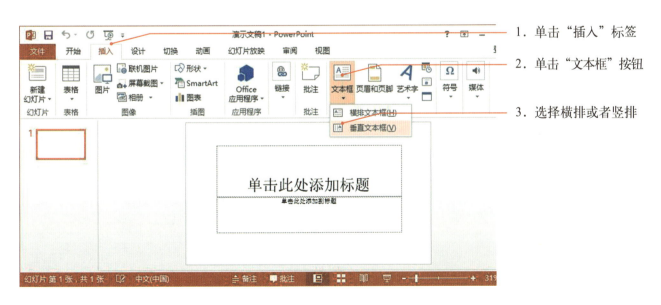

图1-55 插入文本框

（4）艺术字

常言道："看书先看皮，看报先看题"，标题可以使读者了解到文章的主要内容和主旨。一般会进行特别的设计，如图1-56所示。

图1-56　艺术字标题

PPT为标题的设计提供了快速制作的功能——艺术字，如图1-57所示。在这里可以选择已经设计好的艺术字效果，还能根据自己的喜欢进行变化。

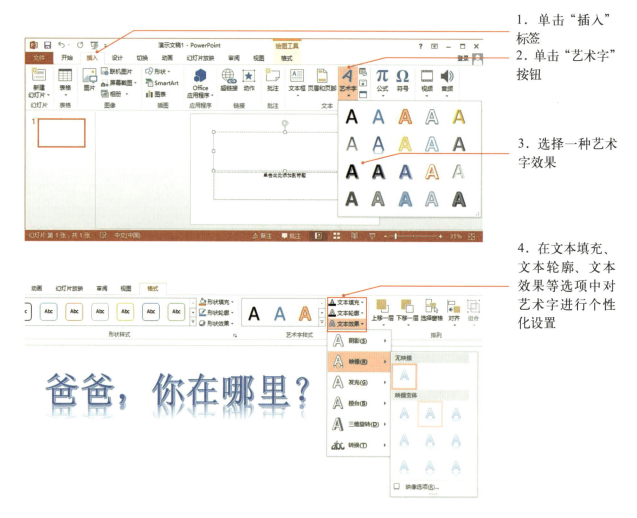

图1-57　艺术字的插入与设置

（5）图形

图形在版面设计中具有装饰页面、装饰标题、区域分割等不可忽视的作用，如图1-58所示。

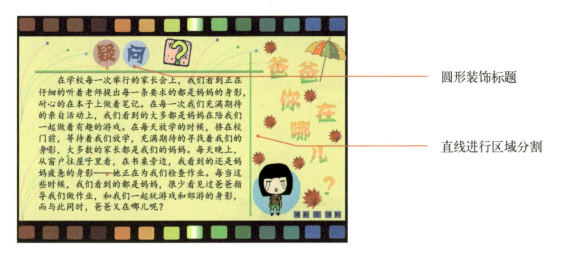

图1-58 图形在PPT中的运用

PPT中提供了丰富的图形给用户使用,添加图形的方法如图1-59所示。

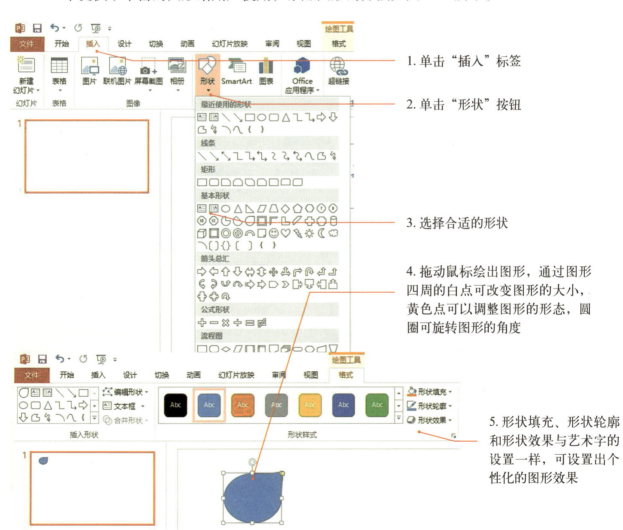

1. 单击"插入"标签

2. 单击"形状"按钮

3. 选择合适的形状

4. 拖动鼠标绘出图形,通过图形四周的白点可改变图形的大小,黄色点可以调整图形的形态,圆圈可旋转图形的角度

5. 形状填充、形状轮廓和形状效果与艺术字的设置一样,可设置出个性化的图形效果

图1-59 图形的插入与设置

（6）图片

照片与装饰图片同属于图片的性质，所以添加方式是一样的，如图 1-60 所示。

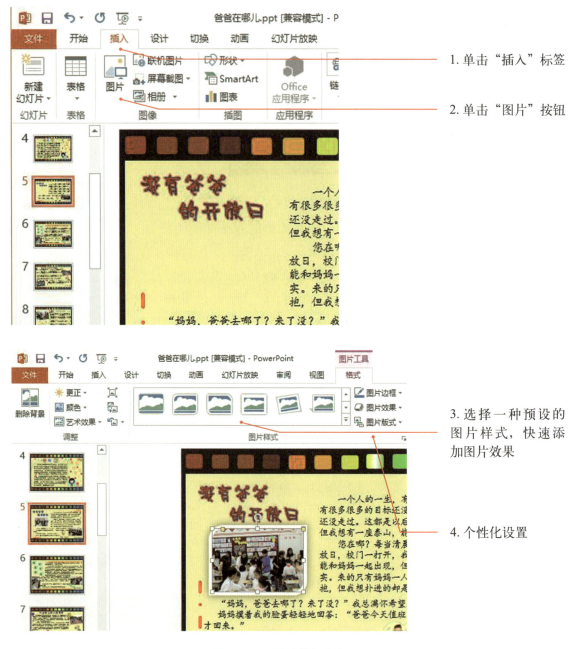

图 1-60　图片的插入与设置

【实践】

许多设置都是通过"插入"菜单来操作的，视频和音乐也是如此，熟悉它们的操作方法以及相关的设置。

（7）超级链接

PPT 制作的电子板报对比 Word 制作的一个特点是可以让读者根据自己的阅读习惯和喜好进行选择，其使用到的就是超级链接。在如图 1-61 所示的目录页中，同学们可以单击相关的文章阅读而不需要一页页地翻找，很快就能找到想要阅读的页面。在任何一页中都有导航按钮。都能随时进行回到目录、封面、封底或者是上一页、下一页的跳转，为读者的阅读带来了很大的便利。

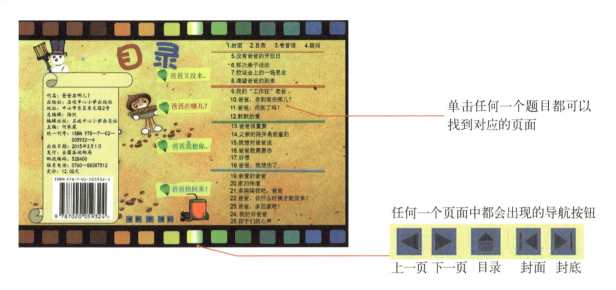

图 1-61　超级链接的作用

制作超级链接前，我们需要准备制作超级链接的点击对象，可以是文字或者图片，也可以是图形，设置的方法如图 1-62 所示。

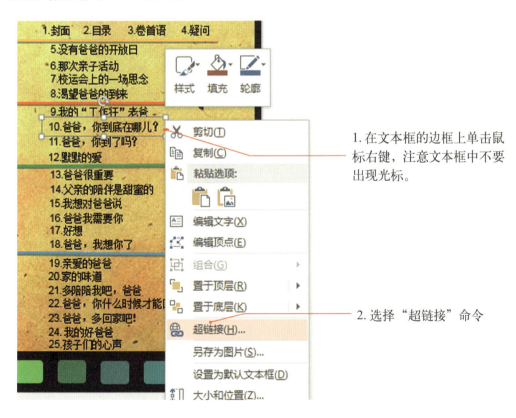

图 1-62　超级链接的设置

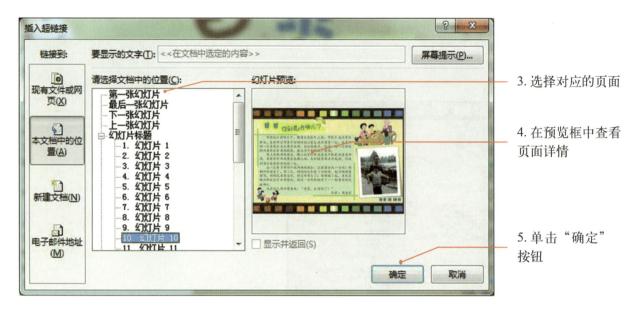

图 1-62　超级链接的设置（续）

【实践】

为了增加阅读的趣味性以及吸引读者的注意力，在PPT中还设计了翻页的效果以及动画。同学们可以尝试为自己制作的板报添加一些特效。

● 项目实施

各小组根据项目选题及拟定的项目方案，结合本节所学知识，进一步修订、完善项目方案，根据方案学习相关电脑板报知识，完成作品。

三、3D 设计工具

电脑制作活动中进行3D设计的目的，是想让同学们发现生活中的问题，并利用3D打印技术，实现自己解决问题的方法。因此进行3D设计前，我们要好好观察生活中出现的、我们可以想办法解决问题的地方。

1. 发现问题

我爱我家。在家里，在我们的生活中，会遇到什么问题？列出一些你发现的问题，例如：

（1）垃圾袋子的口很脏，每次丢垃圾都会弄脏手。

（2）冬天的时候，手总是被冻得很难受。

（3）叠衣服很麻烦。

……

针对以上的情况，选择一个来思考如何解决问题或者减轻影响的方法。例如，选择"（2）冬天的时候，手总是被冻得很难受。"查找资料，我们发现古时候的人用手炉暖手，铜制炉内装有炭火，包上棉布，可以捧在手上，笼进袖内，如图1-63所示。但这要使用炭，安全隐患较大，也不方便操作。

现在，有人利用储能发热剂和保温棉制作暖手宝，如图 1-64 所示，充电加热后，通过保温棉缓慢放热，把手伸进去，能暖和一段时间，相比古代的设计要改进很多。但是暖手宝充电爆炸的新闻亦有发生，也不是最安全的。那我们就来尝试解决暖手的问题吧。

图 1-63　古时候的手炉

图 1-64　暖手宝

2. 设计草稿

生活中，有的人会用装热水的杯子来暖手，一边喝水补充水分，一边暖手，一举两得，如图 1-65 所示。

但是杯子只能暖手心，不能暖手背。我们可以设计一个既能暖手心又能暖手背的杯子。比如在杯子中间挖个洞，让手穿过去就可以了。根据想法，画出的草稿如图 1-66 所示。

图 1-65　手捧杯子取暖

图 1-66　设计手稿

● 探究活动

根据小组确定的主题拟定 3D 设计产品的目标，并绘制设计手稿。

3D 作品设计草图

3. 制作技巧

3D 设计软件，有各自不同的特色功能，同学们可以根据设计的需要进行相关的学习。以下几个方面是同学们肯定会用到的。由于 3D One 简单易学又通用，本节将以 3D One 软件为例介绍 3D 设计的制作技巧。

（1）基本操作

首先，我们来认识一下软件界面中各部分的功能以及常用的操作方法，如图 1-67 所示。

图 1-67　3D One 软件界面

（2）基本图形

3D One 提供了可直接运用的 3D 实体，只需要简单设置数据或拖动手柄，就能得到各种形状的 3D 实体，便于设计出精彩复杂的作品，如图 1-68 所示。

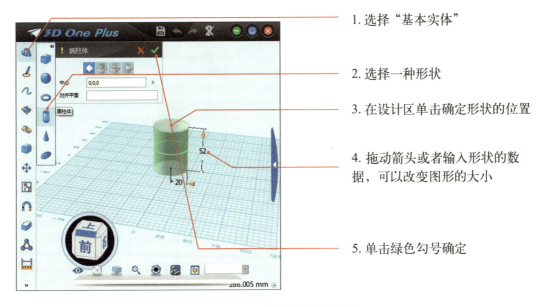

图 1-68　基本图形的绘制

（3）草图绘制

有的形状，使用基本图形难以快速实现想法，此时可以尝试使用草图绘制，如图 1-69 和图 1-70 所示。

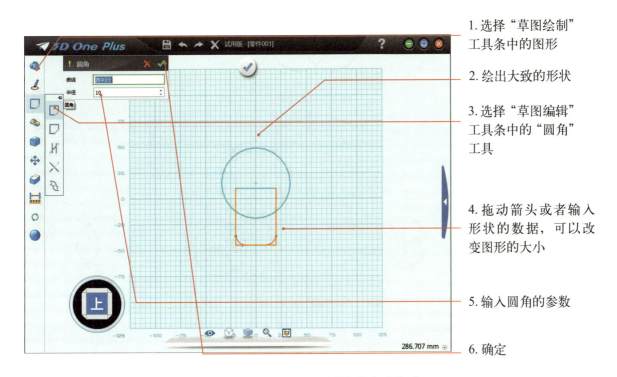

图 1-69　使用草图绘制特殊造型（1）

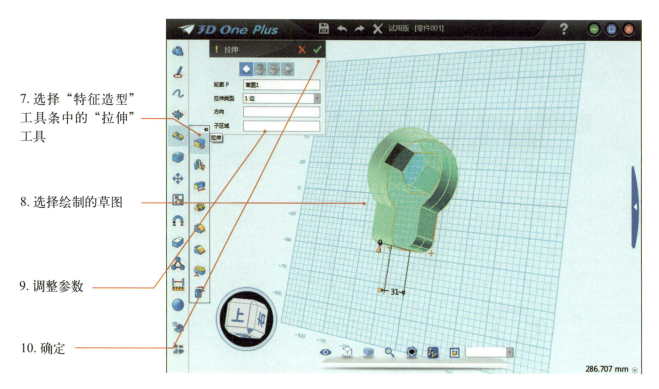

7. 选择"特征造型"工具条中的"拉伸"工具

8. 选择绘制的草图

9. 调整参数

10. 确定

图 1-70　使用草图绘制特殊造型（2）

（4）布尔运算

通过布尔运算命令，可以对多个基体做布尔运算，包括加运算、减运算、交运算。例如，两个圆相交在一起，用不同的布尔运算规则就会得出不一样的结果，如图 1-71 所示。

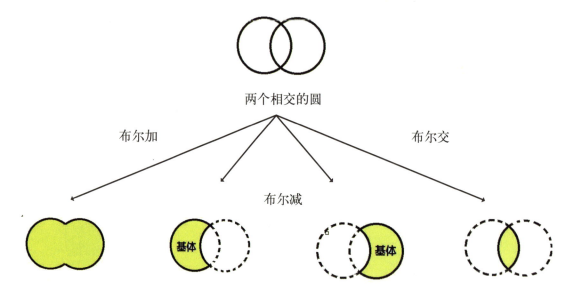

图 1-71　布尔运算示意图

- 布尔加运算：将基体和合并体融合成为一个基体的命令，最后得到基体与合并体的并集。
- 布尔减运算：将基体与合并体相交的部分在基体上切除下来的命令，最后得到基体中不与合并体相交的部分。

- 布尔交运算：留下基体与合并体重合部分的命令，最后得到的是基体与合并体的交集，并且基体与合并体无先后顺序。

利用以上知识，我们可以完成暖手杯的设计，如图 1-72 所示。

1. 使用基本图形绘制杯子以及开孔的大小
2. 单击"组合编辑"按钮
3. 单击"布尔减"按钮
4. 单击"基体"框
5. 选择"基体"形状
6. 单击"合并体"框
7. 分别单击两个椭圆体

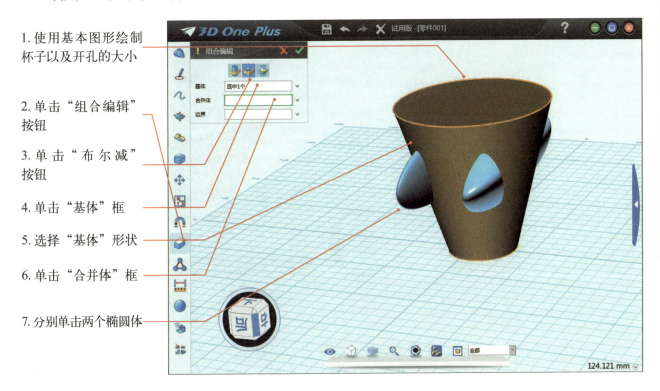

图 1-72 利用布尔运算制作杯子

确定以后，就出现如图 1-73 所示的形状。

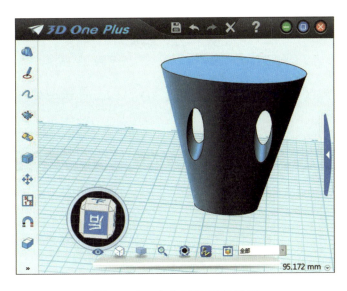

图 1-73 布尔减运算的结果

（5）特殊功能

在左侧工具条的"特殊功能"子菜单中包含抽壳、扭曲、圆环折弯、浮雕、镶嵌曲线、实体分割、圆柱折弯及锥削等功能。因为杯子中间应该是空心的，所以可以使用抽壳功能实现，如图 1-74

所示。

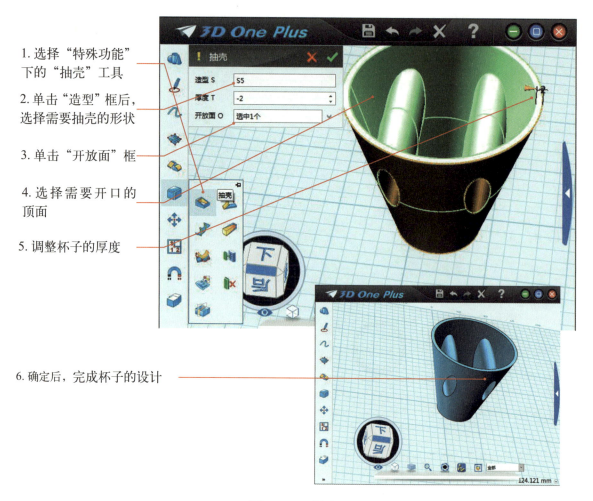

图 1-74 抽壳

（6）输出打印文件

完成的模型除了常规的保存之外，如果需要 3D 打印，还需要输出为 3D 打印的格式，如图 1-75 所示。

图 1-75 保存 3D 打印文件格式

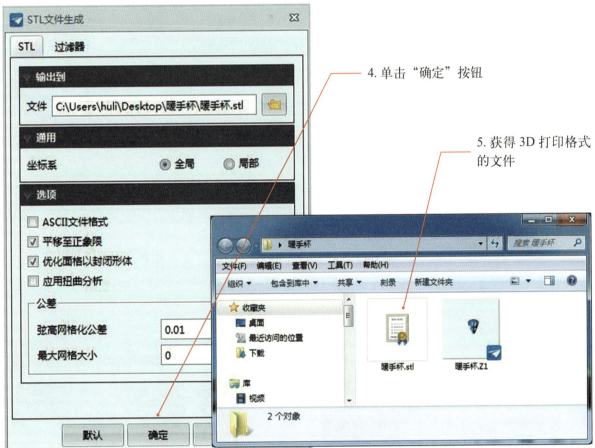

图 1-75　保存 3D 打印文件格式（续）

● 项目实施

各小组根据项目选题及拟定的项目方案，结合本节所学知识，进一步修订、完善项目方案，按照项目进度实施相关活动。

第四节　作品分享交流

交流分享能集大家之所长，同学们不仅能提高学习的兴趣，还能从中获得知识、经验和乐趣，从而产生成就感，树立自信心，积极地投入下一次的创作活动，如图 1-76 所示。

图 1-76　全国电脑制作活动展示现场

一、展示准备

经过一番的努力最终完成的作品，要好好地进行展示准备，一般展示时应向观众介绍以下几方面的内容。

(1) 创作的思想。主要介绍作品创作背景、目的和意义。

(2) 创作的过程。主要介绍运用了哪些技术或技巧完成主题创作，哪些是得意之处。制作过程中发生的事情引发的感慨等促进自己成长的部分也是可以分享的点。

(3) 原创部分。哪些是自己原创的部分，哪些是参考别人的或者引用别人的也需要进行说明。

以上介绍的内容可以使用 PPT 进行演示讲解，图文并茂效果会更好，如图 1-77 所示。

 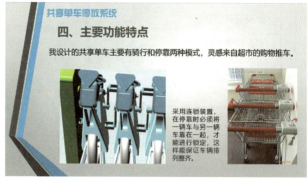

图 1-77　PPT 展示说明文档

二、评价的标准

根据全国电脑制作活动的标准,为各项目制定了评价初表,同学们可以根据需要在此基础上进行删改。

1. 电脑绘画

序号	项目	评价要点	分值	得分
1	思想性 科学性 规范性	1. 主题明确,内容健康向上 2. 科学严谨,无常识性错误 3. 文字内容通顺;无错别字和繁体字,作品的语音应采用普通话(特殊需要除外) 4. 非原创素材(含音乐)及内容应注明来源和出处,尊重版权,符合法律要求	20	
2	创新性	1. 主题和表达形式新颖 2. 内容创作注重原创性 3. 构思巧妙、创意独特 4. 具有想象力和个性表现力	20	
3	艺术性	1. 反映出作者有一定的审美能力和艺术表现能力 2. 准确运用图形、色彩等视觉表达语言,处理好画面空间、明暗,具有形式美感 3. 构图完整、合理,具有较好的视觉效果,系列作品前后意思连贯	20	
4	技术性	1. 选用制作软件和表现技巧恰当 2. 技术运用准确、适当、简洁 3. 视觉效果良好、清晰	20	
5	语言表达	1. 思路要清晰,讲演流畅 2. 表情、形态自然 3. 声音要洪亮、沉稳,抑扬顿挫 4. 讲演有故事感、仪式感,能与观众产生共鸣	20	
总分			100	
个人点评				

2. 电子板报

序号	项目	评价要点	分值	得分
1	思想性 科学性 规范性	1. 主题明确，内容健康向上 2. 科学严谨，无常识性错误 3. 文字内容通顺；无错别字和繁体字，作品的语音应采用普通话（特殊需要除外） 4. 非原创素材（含音乐）及内容应注明来源和出处，尊重版权，符合法律要求	20	
2	创新性	1. 主题和表达形式新颖 2. 内容创作注重原创性 3. 构思巧妙、创意独特 4. 具有想象力和个性表现力	20	
3	艺术性	1. 反映出作者有一定的审美能力 2. 版面设计简洁、明快，图文并茂，前后风格协调一致 3. 报头及版面的设计突出主题	20	
4	技术性	1. 选用制作软件和表现技巧恰当 2. 技术运用准确、适当、便于阅读 3. 结构清晰，导航和链接无误	20	
5	语言表达	1. 思路要清晰，讲演流畅 2. 表情、形态自然 3. 声音要洪亮、沉稳，抑扬顿挫 4. 讲演有故事感、仪式感，能与观众产生共鸣	20	
总分			100	
个人点评				

3. 3D 创意设计

序号	项目	评价要点	分值	得分
1	思想性 科学性 规范性	1. 主题明确，内容健康向上 2. 科学严谨，无常识性错误 3. 文字内容通顺；无错别字和繁体字，作品的语音应采用普通话（特殊需要除外） 4. 非原创素材（含音乐）及内容应注明来源和出处，尊重版权，符合法律要求	20	
2	创新性	1. 主题和表达形式新颖 2. 内容创作注重原创性 3. 构思巧妙、创意独特 4. 具有想象力和个性表现力	20	
3	艺术性	1. 符合主题、形象鲜明 2. 作品款式造型有创意，样式功能搭配合理 3. 数字三维模型局部精细、美观 4. 作品渲染效果图精美，作品功能动画演示详细	20	
4	技术性	1. 作品装配结构设计合理 2. 各零件逻辑关系正确 3. 设计说明书内容翔实、条理清晰 4. 模型及零件尺寸设计符合工艺要求	20	
5	语言表达	1. 思路要清晰，讲演流畅 2. 表情、形态自然 3. 声音要洪亮、沉稳，抑扬顿挫 4. 讲演有故事感、仪式感，能与观众产生共鸣	20	
总分			100	
		个人点评		

● 项目实施

各小组根据项目选题及拟定的项目方案，结合本章所学内容，进一步完善该项目方案中各项学习活动，并参照项目范例的样式，撰写相应的项目研究报告或学习报告。

● 成果交流

（1）各小组运用数字可视化工具，将所完成的项目成果，在小组和全班中或在网络上进行展示与交流。

（2）根据他人的意见和建议，进一步优化方案，迭代改进，完善作品。

● 活动评价

各小组根据项目选题、拟定的项目方案、实施情况以及所形成的项目成果，参考本书附录中的"项目活动评价表"，开展项目学习活动评价。

本章扼要回顾

同学们通过本章学习，根据"数字创作"的知识结构图，扼要回顾、总结、归纳学过的内容，建立自己的知识结构体系。

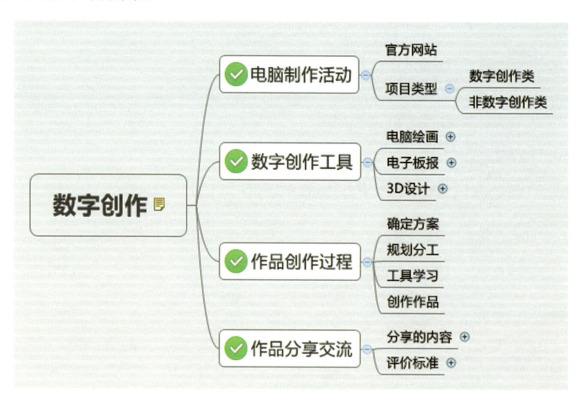

回顾与总结

第二章

创意编程

　　同学们，你想不想自己制作一个小作品，然后将你的作品与小伙伴们一起分享呢？Scratch可以轻松地帮助你实现这个想法，它不仅可以创作小游戏，还可以创编数字故事、制作小动画等有趣的作品。

　　本章将围绕"好玩的小猫"项目展开主题，从程序的顺序结构、选择结构和循环结构等进行探究，开展自主、小组合作和探究学习，培养和锻炼思考问题与解决问题的知识和能力，让同学们探索神秘的编程世界，体验程序设计的奇妙过程，感受编程的魅力与分享的快乐。

第一节　小猫自我介绍
第二节　小猫结交朋友
第三节　小猫看阅兵
第四节　小猫转风车
第五节　小猫画图形
第六节　小猫爱钓鱼
第七节　小猫抢红包
第八节　小猫猜成语
第九节　小猫闯华容道

项目范例：好玩的小猫

● **情境**

小猫乘坐时光穿梭机来到了编程世界，发现编程世界里的一切都是那么美妙，那么神奇。现在让我们跟着小猫一起探寻程序设计的基本结构，感受图形化编程的魅力吧！

● **主题**

好玩的小猫

● **规划**

根据本方案的主题及内容要求，制定相应的项目学习规划，如图2-1所示。

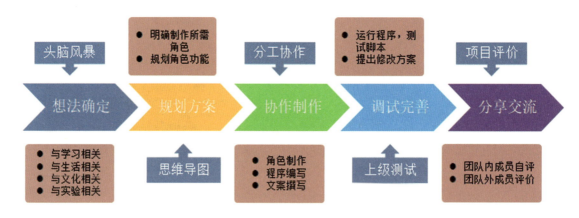

图 2-1 "好玩的小猫"项目学习规划

● **探究**

根据主题的指引和项目学习规划的安排，"好玩的小猫"项目学习探究活动内容如表2-1所示。

表 2-1 "好玩的小猫"项目学习探究活动

探究学习内容	探究学习活动	知识技能
运动模块 外观模块	角色的移动、角色对话与造型切换	了解程序的顺序结构，掌握角色移动与说话指令的使用方法
声音模块 侦测模块	声音的播放 两个角色之间的侦测	了解程序的选择结构，掌握"碰到…"指令的使用方法
画笔模块 自定义积木	添加新模块 自定义新积木	了解程序的循环结构，学会画笔工具的使用方法，掌握自定义积木的方法

续表

探究学习活动	知识技能	知识技能
控制模块 变量模块	角色的控制 新建变量	学会运用不同的控制条件来触发角色,掌握新建变量的方法
运算模块	角色坐标之间的判断 随机数的运用	掌握逻辑判断的指令,学会随机数的使用方法

● 实践

根据制作主题可能涉及的知识点,项目学习实践内容如下。

实践环节	内容
角色的移动	1. 学会通过方向键控制角色的移动; 2. 学会通过鼠标或侦测控制角色的移动
角色的外观	1. 学会切换角色的造型; 2. 学会调整角色的大小与颜色
角色的侦测	1. 掌握广播指令的使用; 2. 学会通过坐标值进行角色的逻辑判断
背景的切换	1. 学会切换游戏背景; 2. 理解广播在背景与角色之间的使用方法
作品测试与改进	学会根据测试结果找原因并优化作品

● 成果

在项目范例探究过程中逐步形成的项目成果——好玩的小猫,如图 2-2 所示。

图 2-2 好玩的小猫

● 评价

根据表 2-1"好玩的小猫"项目学习探究活动内容,对项目范例学习过程和成果作品进行评价。

● 项目选题

请以 2～4 人为一组，以创意制作为出发点，从下列参考主题中选择一项进行项目探究学习。

主题一：有趣的编程
主题二：探秘编程世界
主题三：走进图形编程
自选主题：_____

● 项目规划

参照项目范例的样式，制定本小组项目方案。请将小组的规划方案填写到表 2-2 中。

表 2-2　项目规划方案

1. 项目主题	
2. 要制作作品的主题	
3. 作品需要有什么功能	□角色的移动　　□角色的侦测 □角色的判断　　□背景的切换
4. 作品可以与什么领域结合	□故事　□语文　□数学 □英语　□科学实验
5. 需要用到的核心脚本	
6. 需要学习的知识和技能	
7. 开展项目学习的方法	
8. 进度安排表	
9. 学习资源获取途径及获得指导的途径	
10. 可能遇到的困难	
11. 预期成果	

● 方案交流

各小组将完成的方案在班级中进行展示交流，师生根据交流情况，共同完善本组的研究方案。

● 探究活动

请同学们通过本章中一个个小项目的探究、合作学习，为实施大项目计划做好充分的知识、技能储备。

第一节　小猫自我介绍

● 情境

小猫转学到一所新学校，为了尽快与同学相互熟悉，小猫打算在开学的第一天上台进行自我介绍。

● 问题

如何让小猫走到讲台中间。

● 范例

小猫自我介绍（见图 2-3）。

图 2-3　小猫自我介绍

● 项目选题

请同学们以 3~6 人为一组，选择下面一个参考主题，或者自拟一个自己感兴趣的主题，开展一个小项目的学习：

(1) 小猫踢足球
(2) 小猫抓老鼠
(3) 小猫接香蕉

● 项目规划

各小组根据本组的小项目主题,参照项目范例的样式,利用思维导图工具,制定相应的作品制作方案,如图2-4所示。

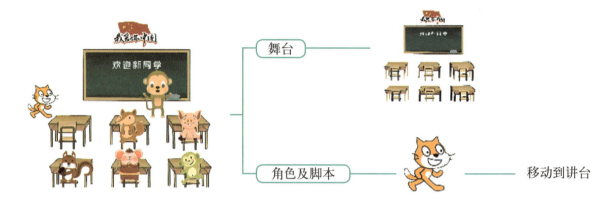

图 2-4 小猫自我介绍分析图

【阅读】

Scratch 是一款图形化编程软件,是由 MIT 媒体实验室终身幼儿园小组开发的一个免费项目,特别适合 8～16 岁的孩子使用。Scratch 借鉴并改进了儿童编程的方法,更容易上手,可帮助青少年更具创造力、逻辑力、协作力。

一、初识 Scratch

Scratch 是目前应用广泛的儿童编程工具,通过拖曳图形化的积木,可以轻松创作出属于自己的数字故事、动画、互动游戏等有趣作品,如图2-5所示,让我们一起赏析一下吧!

图 2-5 Scratch 优秀作品

Scratch 的界面包括舞台区、角色区、积木区及脚本区，如图 2-6 所示。

图 2-6　Scratch 界面介绍

（1）舞台区：角色表演的区域。
（2）角色区：可以通过绘制、从角色库或本地上传来添加角色。
（3）积木区：相当于道具库，共十大类积木。
（4）脚本区：相当于导演，通过指令控制角色在舞台上表演。

【观察】

请同学们认真观察 Scratch 界面，并尝试去体验各个区域的按钮，看看 Scratch 3.0 软件与其他版本的界面有什么不同。

二、设置场景

打开 Scratch 软件，单击"新建背景"按钮，选择"上传背景"选项，找到"动物园教室"背景图存储位置，单击"打开"按钮，如图 2-7 所示。

图 2-7　添加背景图片

【思考】

使用 Scratch 软件添加背景或角色，可背景或角色的位置和大小不对，应该通过什么方法来处理呢？

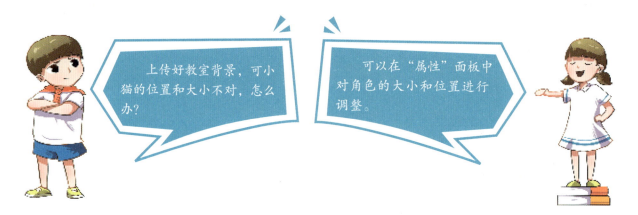

三、小猫闪亮登场

通过定位，我们可以找到角色在舞台中的具体位置，从而实现精准的操作，如图 2-8 所示。

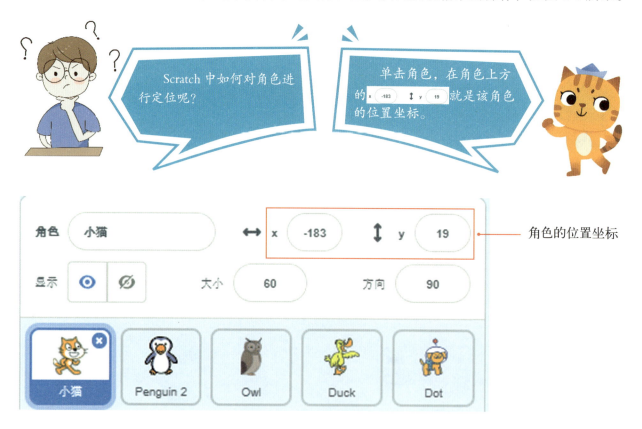

图 2-8　定位小猫的坐标

要想小猫从左往右走到讲台中间，需要用到"运动"模块中的 移动 10 步 指令，如图 2-9 所示。

选择"运动"模块,将 移动 10 步 指令拖到脚本区

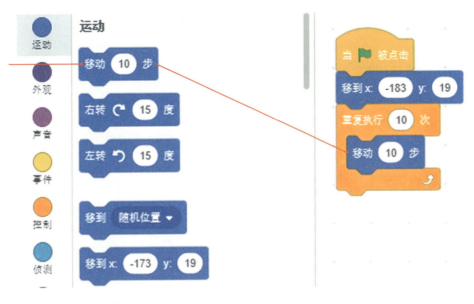

图2-9 小猫移动到讲台中间

要想小猫走动过程中姿势自然一点,需要用到"外观"模块中的 下一个造型 指令,如图2-10所示。

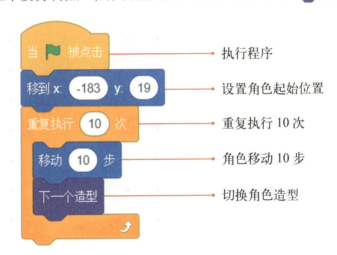

图2-10 小猫移动程序

【实验】

单击"绿旗" 进行程序测试,观察小猫行走过程中行走姿势是否自然。你有什么方法可以让小猫角色移动时更改角色造型?请通过试验不同的指令来进行验证。

【实施】

各小组根据所选定的小项目主题及其拟定的小项目方案,结合本节所学知识,实施相关活动,创作小项目作品。

【展评】

(1)各小组运用数字可视化工具,将所完成的项目成果,在小组和全班中或在网络上进行展示与交流,优化方案,迭代改进,完善作品。

（2）各小组根据小项目选题、方案、实施情况以及所形成的小项目成果，参考本书附录中的"项目活动评价表"，开展项目学习活动评价。

第二节　小猫结交朋友

● 情境

小猫已经走到讲台中间，准备向新同学进行自我介绍。这节课我们一起来设计小猫与猴子老师之间的对话，让小猫交到更多的朋友！

● 问题

小猫如何介绍自己。

● 范例

小猫结交朋友(见图2-11)。

图2-11　小猫结交朋友

● 项目选题

请同学们以3～6人为一组，选择下面一个参考主题，或者自拟一个自己感兴趣的主题，开展一个小项目的学习：

(1) 小猫去旅行

(2) 小猫过生日

(3) 小猫打招呼

● 项目规划

各小组根据本组的小项目主题，参照项目范例的样式，利用思维导图工具，制定相应的作品制作方案，如图 2-12 所示。

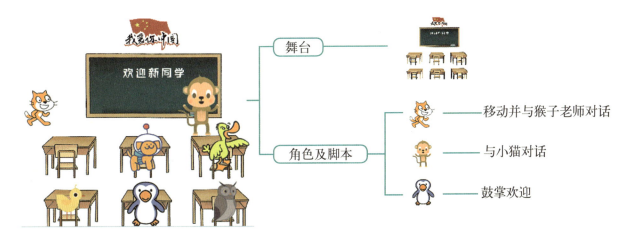

图 2-12 小猫结交朋友分析图

【阅读】

Scratch 为我们提供了大量的角色素材，并且按照角色的类目分为动物、人物、奇幻、舞蹈、音乐、运动、食物、时尚、字母九大类，同时也可以本地上传制作好的角色素材。

一、角色面对面

单击 选择一个角色 按钮，在弹出的角色库中选择所需添加的动物角色，如图 2-13 所示。

图 2-13 添加动物角色

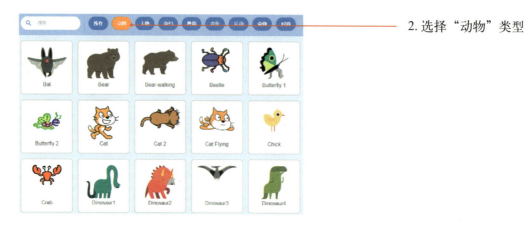

图 2-13　添加动物角色（续）

下面我们来学习如何修改角色大小和位置，如图 2-14 所示。

图 2-14　调整角色属性

二、欢迎新朋友

小猫走到讲台中间，猴子老师介绍新同学小猫："这个学期我们班有新同学加入，现在有请小猫介绍自己。"方法如图 2-15 所示。

图 2-15　猴子老师介绍小猫

图 2-15 猴子老师介绍小猫（续）

【思考】

指令 说 你好！2秒 与 说 你好！ 两者之间有什么不同呢？

说 你好！2秒 是在指定时间内显示说话框和相关内容。而 说 你好！ 则没有规定显示说话框的内容，如果后面没有其他指令，则一直显示说话框的内容；如果后面有其他指令，则立即跳转执行到后面的指令。

为小猫添加说话指令，使小猫回应猴子老师的对话，如图2-16所示。

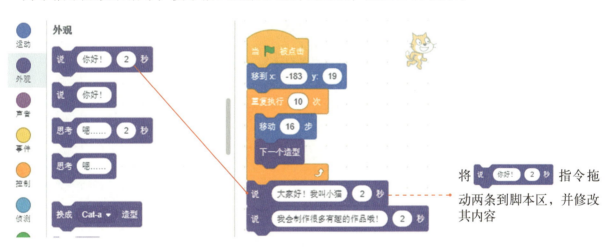

图 2-16 小猫介绍自己

【讨论】

调整小猫与猴子老师对话出现的顺序，如图 2-17 所示。

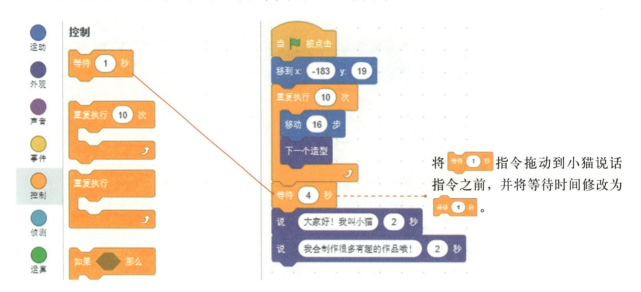

图 2-17 设置小猫等待时间

角色之间的对话是按顺序执行，猴子讲话需要 4 秒，所以小猫需要等待 4 秒之后再开始说。

三、小猫展示才艺

看到这么多小伙伴，小猫迫不及待地想展示其翻跟斗的才艺，如图 2-18 所示。

"右转 15 度"指令的功能是：使角色顺时针旋转，默认的旋转角度为 15°，单击"15"可以修改为其他数值。

图 2-18 设置小猫翻跟斗

小猫说:"接下来,我还可以每翻一个角度就改变一次颜色。"方法如图 2-19 所示。

1. 选中"外观"模块,将其中的指令拖动到脚本区,使它与前面的指令组合

2. 单击观看效果

图 2-19 设置小猫的变色效果

四、按下空格键小猫展示才艺

选择 事件 模块,将其中 当按下 空格 键 指令拖动到脚本区,如图 2-20 所示。

将 当按下 空格 键 拖入脚本区,并与展示才艺指令组合

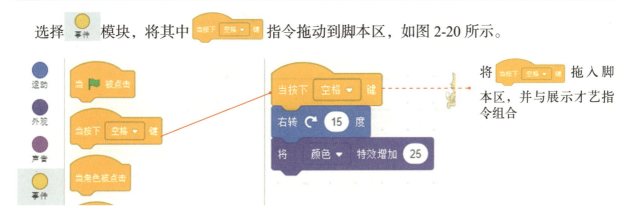

图 2-20 设置当按下空格键小猫展示才艺

【实验】

单击"绿旗"进行程序测试,观察小猫与猴子老师之间的对话是否连贯,小猫的变色表演是否实现。请通过编写程序脚本来进行验证。

【实施】

各小组根据所选定的小项目主题及其拟定的小项目方案,结合本节所学知识,实施相关活动,创作小项目作品。

【展评】

（1）各小组运用数字可视化工具，将所完成的项目成果，在小组和全班中或在网络上进行展示与交流，优化方案，迭代改进，完善作品。

（2）各小组根据小项目选题、方案、实施情况以及所形成的小项目成果，参考本书附录中的"项目活动评价表"，开展项目学习活动评价。

第三节　小猫看阅兵

● 情境

2019年是中华人民共和国成立70周年，小猫在观看70周年国庆大阅兵时深受鼓舞，决定自己制作一个游戏版阅兵。

● 问题

如何让坦克动起来。

● 范例

小猫看阅兵（见图2-21）。

图2-21　小猫看阅兵

● 项目选题

请同学们以3～6人为一组，选择下面一个参考主题，或者自拟一个自己感兴趣的主题，开展一个小项目的学习：

(1) 小猫看杂技
(2) 小猫看春晚
(3) 小猫看变脸

● 项目规划

各小组根据本组的小项目主题，参照项目范例的样式，如图2-22所示，利用思维导图工具，制定相应的项目方案。

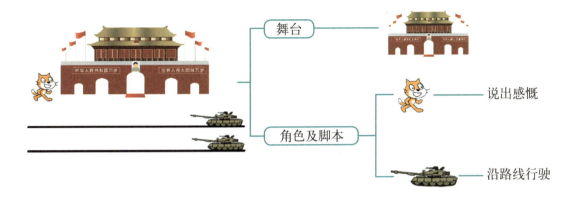

图 2-22　小猫看阅兵分析图

【阅读】

Scratch 的"背景"工具栏中提供 4 种添加背景的方法，分别是上传、随机选择、绘制以及背景库中选择，其中背景库中的背景图片也按照类目分为奇幻、音乐、运动、户外、室内、太空、水下、图案八大类。

一、绘制路线

单击"上传背景"按钮，在弹开的对话框中找到"天安门背景图"文件存放的路径，选中文件并打开，如图 2-23 所示。

图 2-23　添加天安门背景

下面我们来学习如何使用图形化工具绘制所需路线，如图 2-24 所示。

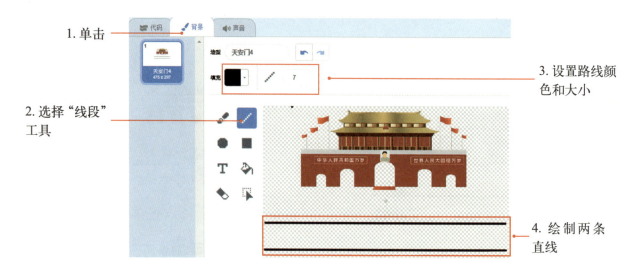

图 2-24 绘制路线

二、坦克动起来

上传坦克角色。单击"上传角色"按钮，选中"坦克"角色，完成角色上传，如图 2-25 所示。

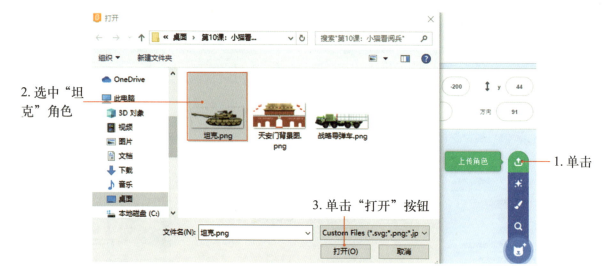

图 2-25 添加坦克角色

调整"坦克"角色的初始位置，让坦克从舞台右边向左边行驶，方法如图 2-26 所示。

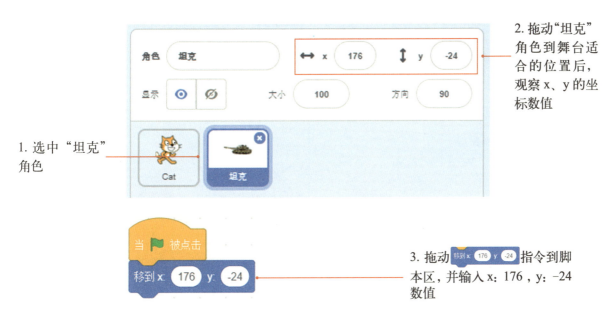

图 2-26 调整坦克角色的初始位置

让坦克按路线行驶，通过"侦测"模块中的  与"控制"模块中的 指令，使坦克角色按照指定路线行驶，如图 2-27 所示。

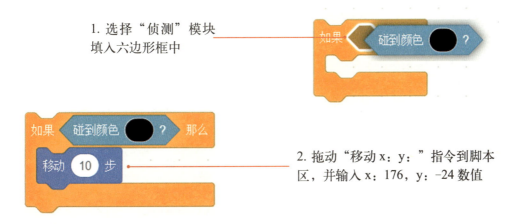

图 2-27 让"坦克"角色跟随黑色线路行驶

观看舞台的坐标（如图 2-28 所示）可知，若让角色从右边向左边移动，其数值将从 240 变化到 -240，因此要想让坦克从右向左移动，应将数值"10"修改为"-10"。

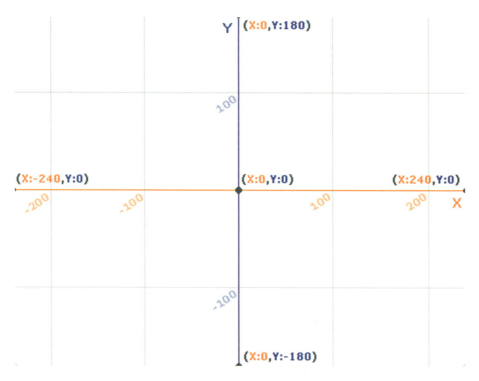

图 2-28　舞台坐标

【思考】

生活中，小车的运行不仅有直线的行驶，还有曲线、坡度等路线的行驶，因此我们在设置小车沿着直线行驶后，同学们还可以思考一下，如何设置小车沿着曲线行驶。

修改后的"坦克"角色的脚本，如图 2-29 所示。

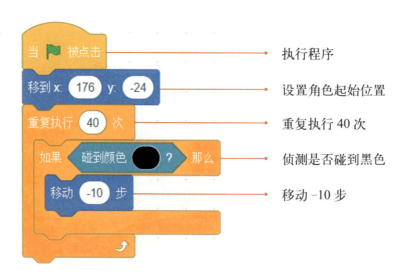

图 2-29　"坦克"角色程序

三、音乐响起来

通过 ● 模块中的 播放声音 喵▼ 指令实现坦克角色边行驶边播放音乐的效果，如图 2-30 所示。

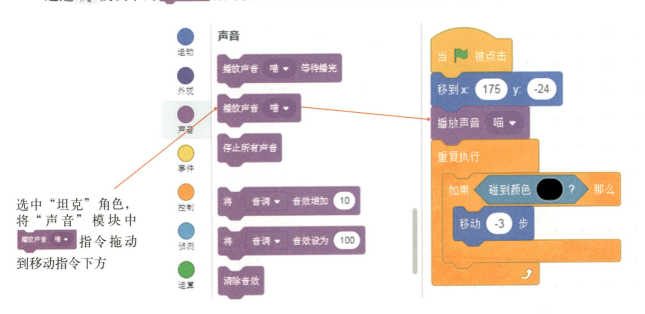

图 2-30　设置音乐播放程序

【讨论】

在游戏中，常常需要通过背景音乐来烘托一种氛围，或者通过某种音效来表达一种游戏状态，那如何来添加本地的音乐文件到 Scratch 软件中呢？

为什么没有播放阅兵背景声音呢？

因为需要先录制或上传阅兵背景声音文件才可以播放。

切换到"声音"模块，上传阅兵背景音乐文件，如图 2-31 所示。

电脑制作

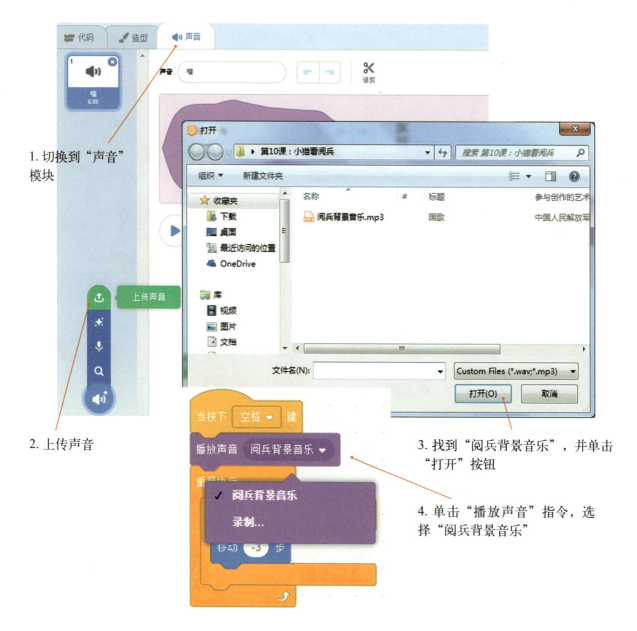

图 2-31　上传阅兵背景音乐

【实验】

请单击"绿旗" 进行程序测试，看看坦克车是否可以沿着绘制的线条来行驶，声音文件是否可以正常播放，并通过编写程序脚本来进行验证。

【实施】

各小组根据所选定的小项目主题及其拟定的小项目方案，结合本节所学知识，实施相关活动，创作小项目作品。

【展评】

（1）各小组运用数字可视化工具，将所完成的项目成果，在小组和全班中或在网络上进行展示与交流，优化方案，迭代改进，完善作品。

（2）各小组根据小项目选题、方案、实施情况以及所形成的小项目成果，参考本书附录中的"项目活动评价表"，开展项目学习活动评价。

第四节　小猫转风车

● 情境

今天小猫和同学们外出研学旅行，来到森林公园，小猫被山坡上的旋转风车深深吸引了。

● 问题

风车如何转起来。

● 范例

小猫转风车（见图2-32）。

图 2-32　小猫转风车

● 项目选题

请同学们以3～6人为一组，选择下面一个参考主题，或者自拟一个自己感兴趣的主题，开展一个小项目的学习：
(1) 小猫翻跟斗
(2) 小猫抽大奖
(3) 小猫遨游太空

● 项目规划

各小组根据本组的小项目主题，参照项目范例的样式，如图2-33所示，利用思维导图工具，制定相应的项目方案。

电脑制作

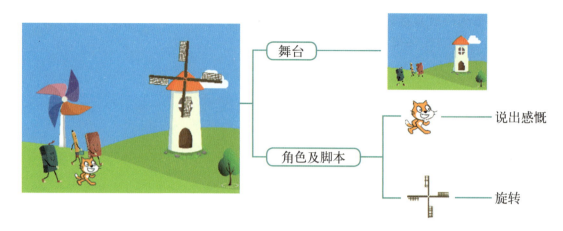

图 2-33 小猫转风车分析图

一、前期准备工作

单击"上传背景"按钮,在弹出的对话框中找到"森林公园背景"文件存放的路径,选中文件并打开。

单击"上传角色"按钮,在弹出的对话框中找到"风车叶片1"文件存放的路径,选中文件并打开,添加完后的效果如图 2-34 所示。

图 2-34 添加森林公园背景和风车叶片效果图

【阅读】

角色的选择模式有三种,其中在"左-右旋转模式"下角色只会左右旋转,在"不旋转模式"下角色不会转动,在"任意模式"下角色可以自由旋转。

二、风车转起来

下面我们利用"角色"属性面板对风车叶片角色进行定位及大小调整,如图 2-35 所示。

图 2-35　调整风车叶片位置和大小

因为猴子角色也需要调整位置和大小,因此可以参考上面风车叶片的方法进行调整(即输入"x"为 -100,"y"为 -123,"大小"为 70)。

选中风车叶片角色,单击"运动"模块,拖动 右转 15 度 指令到脚本区,如图 2-36 所示。

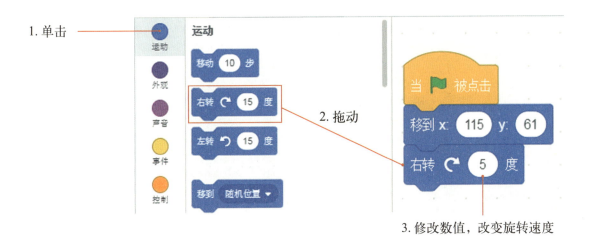

图 2-36　风车叶片动起来程序

三、如何让风车一直转

在"控制"模块中,拖动 重复执行 指令到脚本区,将 右转 15 度 指令嵌合于其中,如图 2-37 所示。

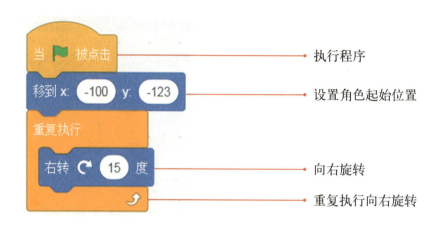

图 2-37 风车叶片一直旋转程序

【思考】

为了让角色更加符合作品的要求，我们可以通过什么方法来控制角色旋转快慢呢？

我们一起来学习如何优化风车旋转效果，第一种方法是直接修改右转度数的数值，将"15"修改为"5"，如图 2-38 所示。

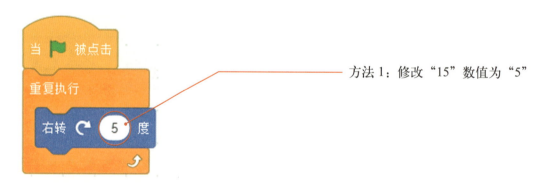

图 2-38 优化风车旋转效果方法 1

第二种方法是在 右转 5 度 指令下方添加 等待 1 秒 指令，让重复执行旋转的脚本等待 1 秒，如图 2-39 所示。

单击"绿旗"，测试程序。如果运行成功，同学们可以复制几个风车叶片以及上传风车栏杆角色到舞台上，并调整风车前后的大小，这样画面就更美观了，如图2-40所示。

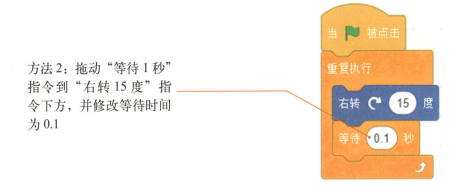

方法2：拖动"等待1秒"指令到"右转15度"指令下方，并修改等待时间为0.1

图2-39　优化风车旋转效果方法2

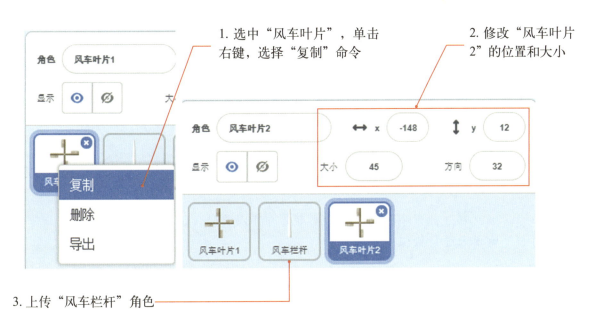

1. 选中"风车叶片"，单击右键，选择"复制"命令

2. 修改"风车叶片2"的位置和大小

3. 上传"风车栏杆"角色

图2-40　复制风车叶片及上传风车栏杆角色

【阅读】

复制角色，将会把角色及其脚本一起复制，这样就会生成一个从造型到脚本都完全一样的角色。复制后角色名称需要进行相应的修改，对应的脚本也需要根据需要进行微调。

如何将复制的风车叶片变得与原来风车叶片不一样呢？

可以为复制的风车叶片添加新造型。

选中"风车叶片2",切换到"造型"窗口,单击"上传造型"按钮,选中"风车叶片2"并打开,如图2-41所示。

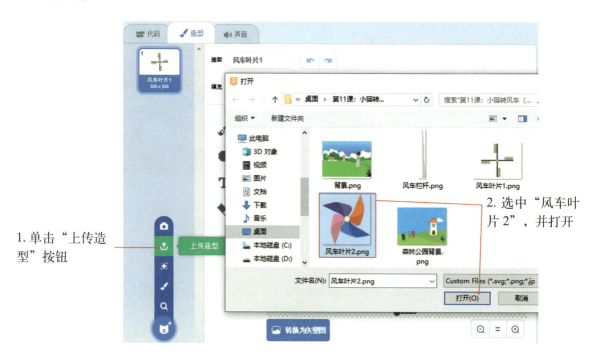

图2-41 添加角色造型

【实验】

请单击"绿旗"进行程序测试,看看风车是否可以旋转,调整旋转数值并记录旋转快慢,并通过编写程序脚本来进行验证。

【实施】

各小组根据所选定的小项目主题及其拟定的小项目方案,结合本节所学知识,实施相关活动,创作小项目作品。

【展评】

(1)各小组运用数字可视化工具,将所完成的项目成果,在小组和全班中或在网络上进行展示与交流,优化方案,迭代改进,完善作品。

(2)各小组根据小项目选题、方案、实施情况以及所形成的小项目成果,参考本书附录中的"项目活动评价表",开展项目学习活动评价。

第五节 小猫画图形

● 情境

小猫最近看了《神笔马良》的童话故事,也想像马良一样勤奋地练习画画,将来成为一名小画家。你可以帮助小猫吗?

- 问题

如何绘制多边形图形。

- 范例

小猫画图形（见图 2-42）。

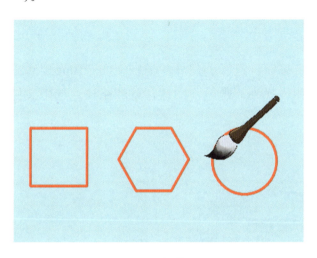

图 2-42　小猫画图形

- 项目选题

请同学们以 3～6 人为一组，选择下面一个参考主题，或者自拟一个自己感兴趣的主题，开展一个小项目的学习：

(1) 多彩的画笔
(2) 神奇的图章
(3) 神笔马良

- 项目规划

各小组根据本组的小项目主题，参照项目范例的样式，如图 2-43 所示，利用思维导图工具，制定相应的项目方案。

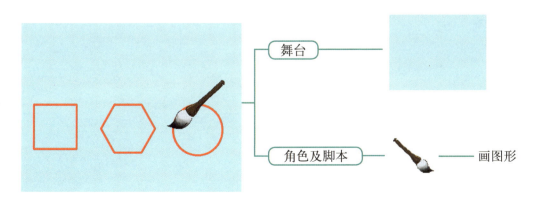

图 2-43　小猫画图形分析图

【阅读】

Scratch 3.0 与之前的版本不同，它默认将"画笔"模块放到了"拓展"模块中，因此要使用"画笔"模块，首先需要将其调出来放在左侧的积木区域。

目前 Scratch 3.0 版本提供了音乐、画笔、文字朗读等 11 个拓展模块，并支持对 micro:bit 与乐高等硬件进行编程。

一、添加画图神笔

单击"选择一个背景"按钮，选择"户外"类别下的"Blue Sky 2"。

单击"上传角色"按钮，找到"画笔"图片存放的路径，选中文件并打开。

【思考】

让"画笔"翻转过来，如图 2-44 所示。

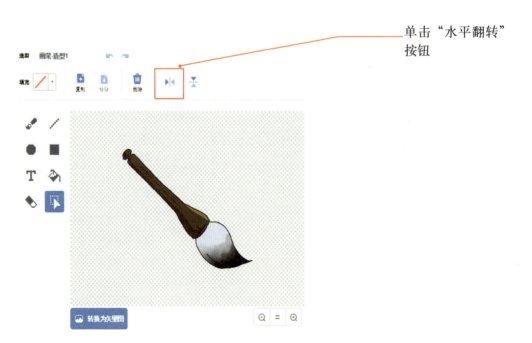

图 2-44　设置画笔水平翻转

二、画等边三角形

单击 Scratch 左下方的添加拓展按钮 ![img], 在弹出的窗口中选择"画笔"拓展，如图 2-45 所示。

图 2-45　添加"画笔"模块

在正式画等边三角形前，通过 ![将大小设为 40] 指令对画笔角色的大小进行设置，同时通过 ![移到 x:-154 y:55] 指令对画笔的位置进行定位。

![落笔] 指令的功能是：以角色作为画笔，开始落下绘点，此后角色移动时会自动绘制出移动轨迹，例如通过 ![移动 80 步] 指令使小猫移动画出一条直线，如图 2-46 所示。

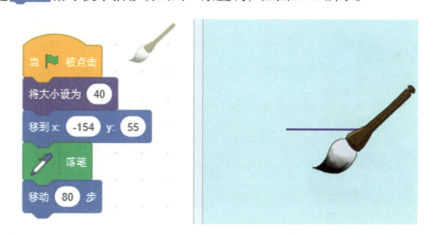

图 2-46　画直线

使画笔向右旋转 120 度，然后继续移动 80 步，重复执行 3 次就可以画出一个等边三角形，如图 2-47 所示。

在画图过程中，如果想擦除上一次画笔的图形，可以通过 ![全部擦除] 指令来实现擦除，如图 2-48 所示。

电脑制作

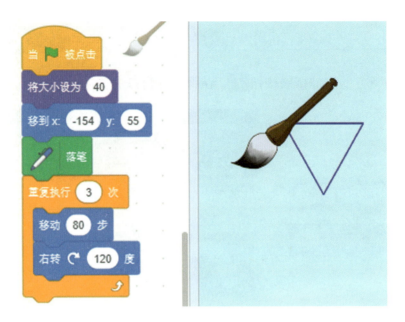

图 2-47 画等边三角形

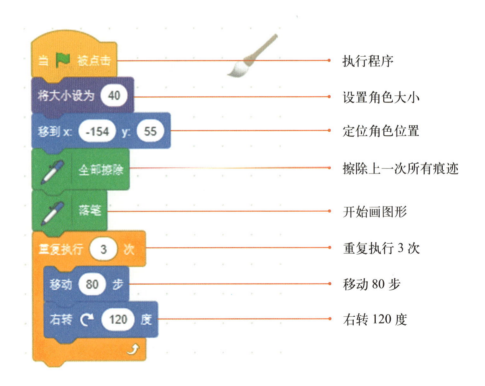

图 2-48 添加擦除指令

三、正多边形排排坐

当一个角色的程序很多、很复杂时，可以利用"自制积木"模块中的"制作新积木"来实现定义的部分程序。

自制积木，方法如图 2-49 所示。

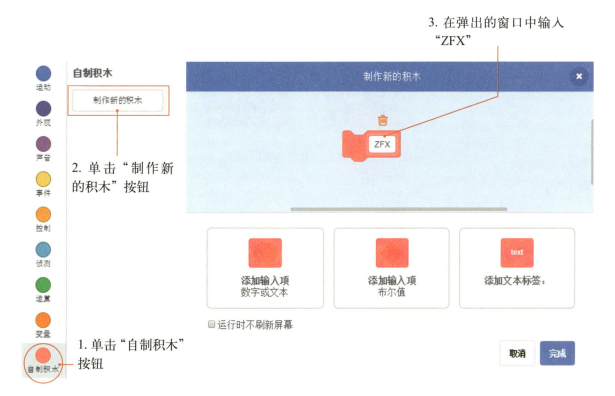

图 2-49　自制积木

定义正方形，程序如图 2-50 所示。

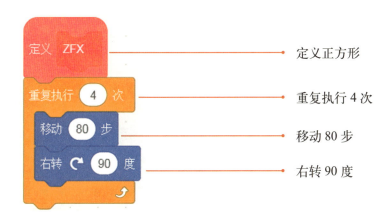

图 2-50　定义正方形程序

【思考】

正方形是由四条相等的边组成的。要完成正方形的绘制，我们需要绘制四条线段，并且每画一条线段，要旋转 90 度。正多边形则是各边相等，各角也相等的多边形，那我们如何从画正方形的脚本修改为画正多边形呢？

因为定义正六边形以及圆形和定义正方形的方法相同，因此可以复制定义正方形的脚本，然后进行修改，如图 2-51 所示。

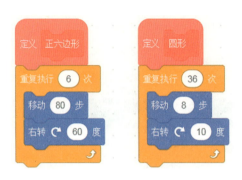

图 2-51 定义正六边形和圆形程序

【讨论】

前面我们通过定义的方法定义了一部分需要重复使用的脚本,那是否可以将之前定义好的脚本重复使用呢?

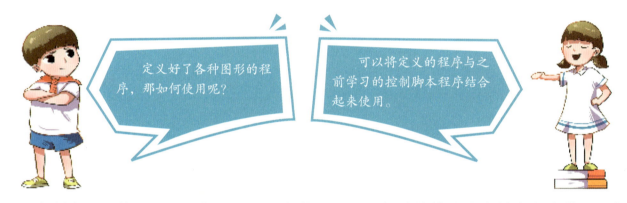

自制积木的使用。通过定义得到的自制积木可以与其他模块指令结合起来使用,如图 2-52 所示。

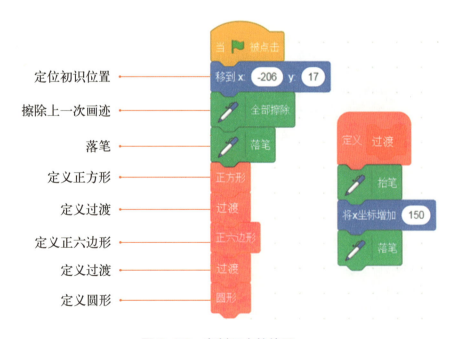

图 2-52 自制积木的使用

四、图形万花筒

单击"制作新的积木"按钮,输入积木名称"正多边形",然后单击两次"添加输入项"按钮,分别在对应的输入框中输入"边长"和"边数",如图2-53所示。

图2-53 定义正多边形

绘制正多边形,如图2-54所示。

图2-54 绘制正多边形程序

【实验】

请单击"绿旗" 进行程序测试,观察画笔的绘制轨迹,并且调整边数数值,总结绘制正多边形的边长与边数之间的关系,最后通过编写程序脚本进行验证。

【实施】

各小组根据所选定的小项目主题及其拟定的小项目方案,结合本节所学知识,实施相关活动,创作小项目作品。

【展评】

(1) 各小组运用数字可视化工具,将所完成的项目成果,在小组和全班中或在网络上进行展示与交流,优化方案,迭代改进,完善作品。

(2) 各小组根据小项目选题、方案、实施情况以及所形成的小项目成果,参考本书附录中的"项目活动评价表",开展项目学习活动评价。

第六节　小猫爱钓鱼

● 情境

小猫来到一个岛上,玩着玩着突然感觉有点饿了,于是小猫驾驶着小船往海的深处走,它准备钓鱼了。

● 问题

如何钓到鱼儿。

● 范例

小猫爱钓鱼(见图 2-55)。

图 2-55　小猫爱钓鱼

● 项目选题

请同学们以 3～6 人为一组,选择下面一个参考主题,或者自拟一个自己感兴趣的主题,开展一个小项目的学习:

(1) 小猫抓鱼

(2) 小猫挖金矿

(3) 小猫摘星星

● 项目规划

各小组根据本组的小项目主题,参照项目范例的样式,如图 2-56 所示,利用思维导图工具,制定相应的项目方案。

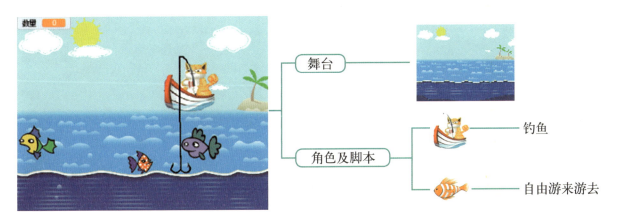

图 2-56 小猫爱钓鱼分析图

一、钓鱼场景准备

单击"上传背景"按钮,找到"大海"背景图片并打开。

单击"上传角色"按钮,找到"小猫钓鱼"图片存放的路径,选中文件并打开。

单击"上传角色"按钮,找到"小鱼"图片存放的路径,选中文件并打开。

单击"上传角色"按钮,找到"鱼钩"图片存放的路径,选中文件并打开。

二、鱼儿来回游动

通过移动模块的 `移动 10 步` 指令来实现小鱼的游动,游动的速度可以通过调整指令中的数值来确定。同时结合 和 `碰到边缘就反弹` 指令实现鱼儿来回游动,程序如图 2-57 所示。

电脑制作

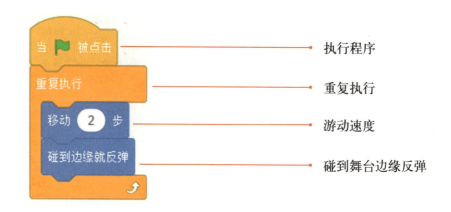

图 2-57 设置鱼儿来回游动

若让"鱼儿"不倒着游动，方法如图 2-58 所示。

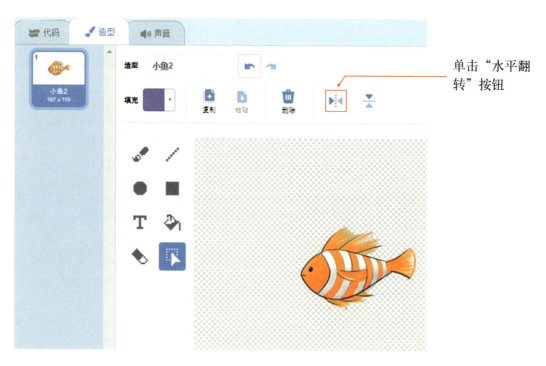

图 2-58 翻转鱼儿方向

【阅读】

侦测碰撞是指，如果角色正在触碰指定的角色、边缘或鼠标，那么会报告碰撞条件成立。在"侦测"类的积木中，有3种积木能帮助实现碰撞侦测，分别是"碰到鼠标指针""碰到颜色""颜色1碰到2"。

三、小猫钓鱼

1. 按下空格键鱼钩上下移动

选中"鱼钩"角色，切换到"造型"模块，利用"直线"工具，绘制一条鱼钩线，如图2-59所示。

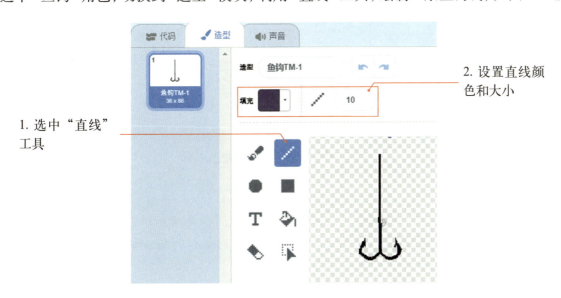

图 2-59　绘制鱼钩线

绘制好鱼钩线后，我们来设置鱼钩的上下移动程序，如图2-60所示。

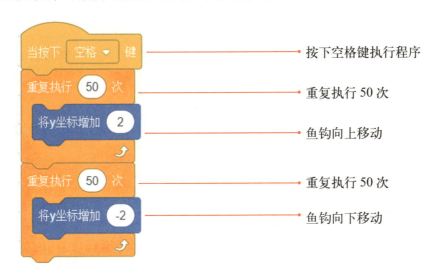

图 2-60　按下空格键鱼钩上下移动

2. 判断钓到小鱼

我们设定当鱼碰到鱼钩的时候，就算小猫钓到了鱼，使用 碰到 鼠标指针 ? 指令和 指令侦测是否碰到鱼钩，如图 2-61 所示。

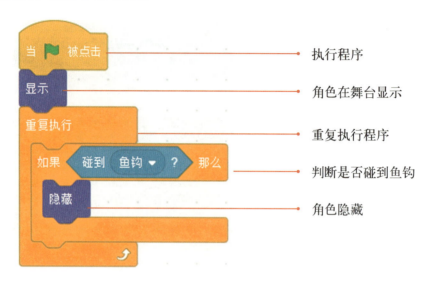

图 2-61　侦测是否碰到鱼钩

【思考】

变量就像是一个用来装东西的盒子，我们可以把要储存的东西放在这个盒子里面，再给这个盒子起一个名称，这样我们在需要用盒子里的东西的时候，只需要说出盒子的名称就可以找到其中的东西了。那么我们如何新建简单实用变量呢？

3. 记录钓鱼数量

游戏结束时，好像不知道小猫钓了多少条鱼，我们来设置一个变量来记录小猫钓鱼的数量吧，方法如图 2-62 所示。

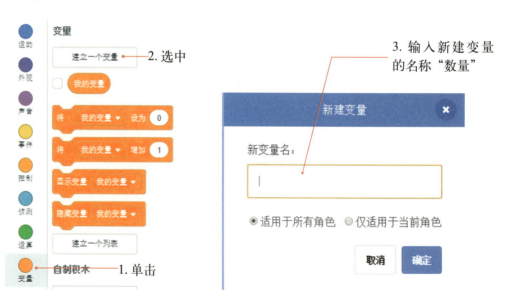

图 2-62　新建变量

使用"数量"变量记录小猫钓了多少条鱼，如图 2-63 所示。

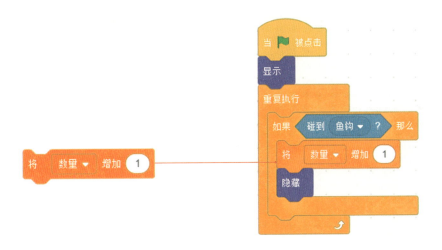

图 2-63　使用"数量"变量记录钓鱼的数量

【讨论】

如何实现记录小猫钓鱼的变量在游戏重新开始时也重新计算呢？

让每次开始游戏的时候小猫钓鱼的数量重新计算，如图 2-64 所示。

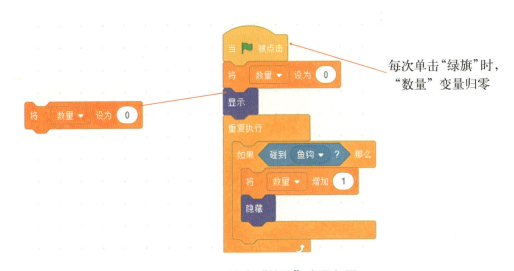

图 2-64　设定"数量"变量归零

因为其他小鱼的程序都一样，所以我们可以复制第一条小鱼的程序给其他小鱼，如图 2-65 所示。

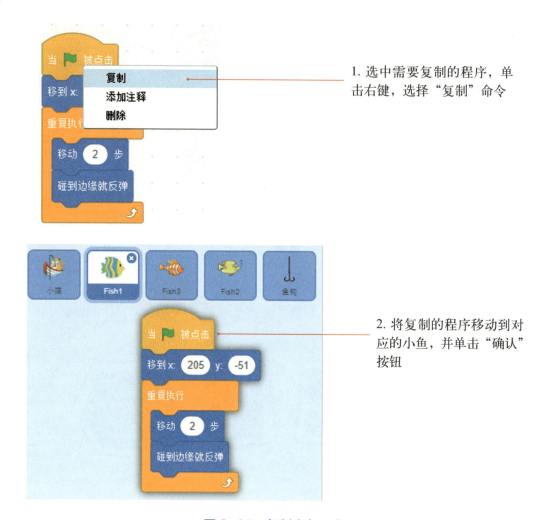

图 2-65　复制小鱼程序

【实验】

请单击"绿旗" 进行程序测试，观察鱼钩碰到小鱼后变量"数量"是否增加，并通过编写程序脚本来进行验证。

【实施】

各小组根据所选定的小项目主题及其拟定的小项目方案，结合本节所学知识，实施相关活动，创作小项目作品。

【展评】

（1）各小组运用数字可视化工具，将所完成的项目成果，在小组和全班中或在网络上进行展示与交流，优化方案，迭代改进，完善作品。

（2）各小组根据小项目选题、方案、实施情况以及所形成的小项目成果，参考本书附录中的"项目活动评价表"，开展项目学习活动评价。

第七节　小猫抢红包

● 情境

今天是小猫的生日，小伙伴们为了给小猫一个大惊喜，决定制作一个抢红包的游戏，看看小猫能抢到多少红包。

● 问题

小猫如何抢红包。

● 范例

小猫抢红包 (见图 2-66)。

图 2-66　小猫抢红包

● 项目选题

请同学们以 3 ~ 6 人为一组，选择下面一个参考主题，或者自拟一个自己感兴趣的主题，开展一个小项目的学习：

（1）小猫接苹果
（2）小猫练打字
（3）小猫考口算

● 项目规划

各小组根据本组的小项目主题，参照项目范例的样式，如图 2-67 所示，利用思维导图工具，制定相应的项目方案。

电脑制作

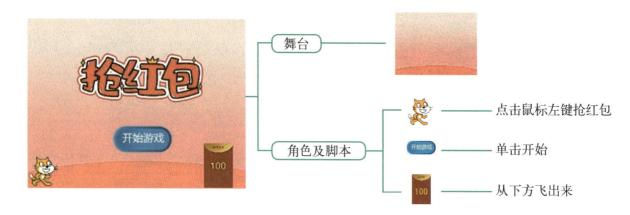

图 2-67 小猫抢红包分析图

一、设置开始游戏按钮

单击"上传背景"按钮，找到"抢红包背景"图片并打开。单击"上传角色"按钮，找到"红包"图片存放的路径，选中并打开。

单击"选择一个角色"按钮，找到"button2"单击添加，在"造型"模块中添加"开始游戏"文字，如图 2-68 所示。

图 2-68 添加"开始游戏"按钮

【阅读】

Scratch 3.0 版本相比之前的版本，支持在绘图编辑器中直接输入中文。在编程中也有一个类似的事件处理的功能。事件处理是指让预定义事件的出现来启动脚本的执行，如按下键盘按键、单击绿色的旗帜、角色被单击等。

可以用 ![角色被点击] 指令和 ![广播 消息1] 来实现当"开始游戏"按钮被鼠标单击时，游戏正式开始，如图 2-69 所示。

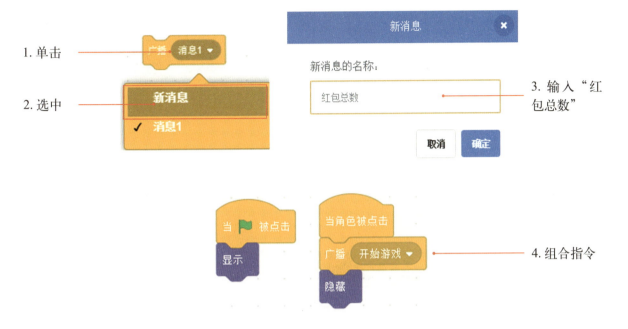

图 2-69 设置单击"开始游戏"按钮时进行广播

二、红包飞起来

红包在单击"开始游戏"按钮前应该是隐藏的，只有接收到"开始游戏"广播后才开始显示并飞出来，如图 2-70 所示。

图 2-70 设置红包随机飞出

电脑制作

让红包多次随机飞出去，程序如图 2-71 所示。

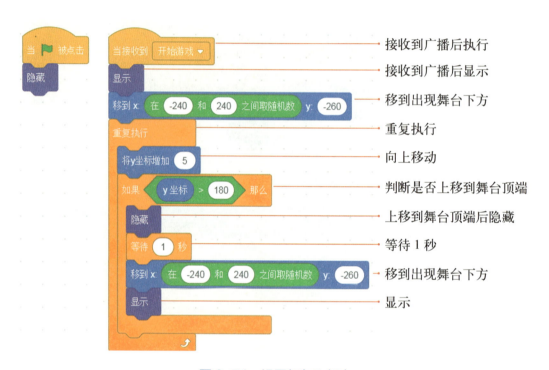

图 2-71 设置红包飞起来

三、看谁抢到的红包多

新建变量，命名为"钱数"。如果鼠标左键单击红包则表示小猫抢到红包，相应的，红包脚本如图 2-72 所示。红包的完整脚本如图 2-73 所示。

图 2-72 设置红包被鼠标单击则"钱数"加 100

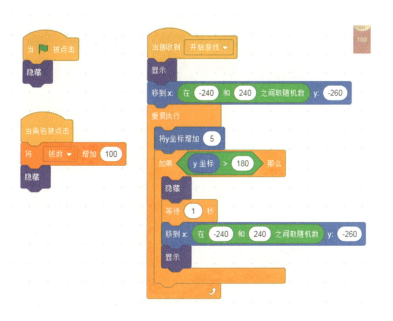

图 2-73　红包的完整脚本

【讨论】

为了增加游戏的趣味性，可否让更多的红包飞出来，且红包的数值不同、移动的速度不同呢？

单击"绿旗" ，测试程序。如果运行成功，同学们可以复制几个红包到舞台上，这样游戏就更加有趣了，脚本如图 2-74 所示。

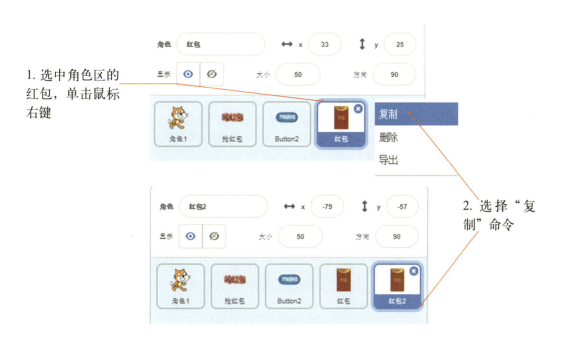

图 2-74　复制红包角色及其脚本

还可以修改红包角色中的 指令，以控制红包飞出来的速度，速度值越大，则红包飞的速度越快；速度值越小，则红包飞的速度越慢。

四、设置游戏时间

通过 侦测 模块中的"计时器"指令,可以为抢红包游戏设定游戏运行时间,如图 2-75 所示。

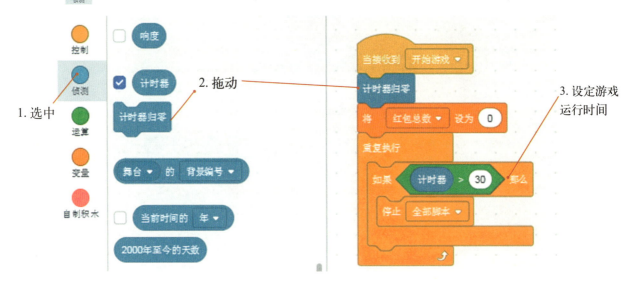

图 2-75 设置游戏运行时间

在游戏结束之前应该让小猫说出它抢到了多少红包,脚本如图 2-76 所示。

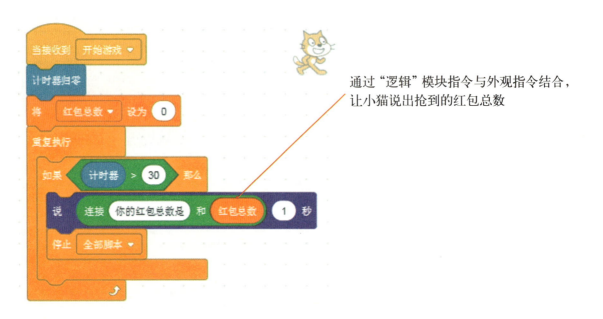

图 2-76 小猫的完整脚本

【实验】

请单击"绿旗" 进行程序测试,观察红包移动的速度和变量红包总数是否不同,并通过编写程序脚本来进行验证。

【实施】

各小组根据所选定的小项目主题及其拟定的小项目方案，结合本节所学知识，实施相关活动，创作小项目作品。

【展评】

（1）各小组运用数字可视化工具，将所完成的项目成果，在小组和全班中或在网络上进行展示与交流，优化方案，迭代改进，完善作品。

（2）各小组根据小项目选题、方案、实施情况以及所形成的小项目成果，参考本书附录中的"项目活动评价表"，开展项目学习活动评价。

第八节 小猫猜成语

● 情境

小猫最近迷上了中国诗词大会，也想制作一个猜成语的游戏来考考它的小伙伴猴子、小熊、老鼠，你愿意与小猫一起完成制作吗？

● 问题

小猫如何猜到成语。

● 范例

小猫猜成语（见图2-77）。

图 2-77 小猫猜成语

【选题】

请同学们以3~6人为一组，选择下面一个参考主题，或者自拟一个自己感兴趣的主题，开展一个小项目的学习：

（1）诗词大会

（2）成语欢乐猜

（3）成语接龙

【规划】

各小组根据本组的小项目主题，参照项目范例的样式，如图 2-78 所示，利用思维导图工具，制定相应的项目方案。

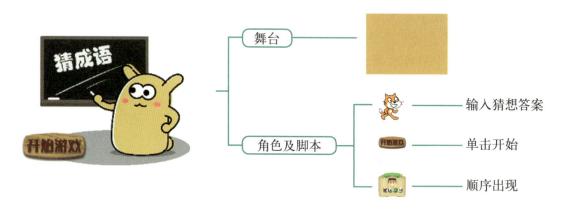

图 2-78 小猫猜成语分析图

【阅读】

Scratch 游戏中有一些需要与用户进行简单的交互，这时需要用到"侦测"模块中的询问积木，它可以在屏幕显示一个问题，并把键盘输入的内容存放到"回答"积木中，通过"回答"积木与我们预设的问题比较就可以进行简单的答案判断了。

一、游戏前期准备

1. 设置"开始游戏"按钮动态效果

根据前文所学知识添加游戏背景以及"开始游戏"按钮角色，并对"开始游戏"按钮添加动态效果，即当鼠标指针碰到角色，角色变大 10%；鼠标指针没有碰到角色，角色大小不变，如图 2-79 所示。

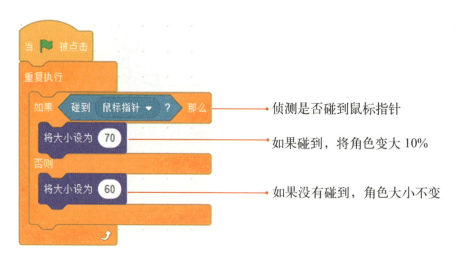

图 2-79 添加"开始游戏"按钮

当我们单击"开始游戏"角色时,通过 ![广播 开始游戏] 指令来实现正式开始猜成语的游戏,所以"开始游戏"角色的完整脚本如图2-80所示。

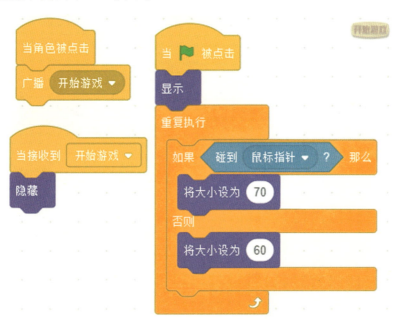

图2-80 "开始游戏"角色完整脚本

2. 切换游戏背景

单击 🚩 时,通过 ![换成 背景1 背景] 指令将背景切换为"背景1";当收到"开始游戏"广播时,将背景切换为"背景2",如图2-81所示。

图2-81 设置游戏背景切换脚本

二、成语顺序出现

单击"上传角色"按钮,选中成语题目图片上传,并为第一题成语角色添加脚本,如图2-82所示。

因为第一题与第二题成语题目的脚本基本相同,可以通过复制脚本的方法来实现,如图2-83所示。

电脑制作

图 2-82　设置第一题成语题目出现

图 2-83　设置第二题成语题目出现

【思考】

在猜成语作品中，成语题目不断出现，如何能够实现题目之间的切换呢？

三、小猫猜成语

使用 询问 What's your name? 并等待 指令来让小猫输入猜想的答案，经过"运算"模块中的 ○ = 50 指令来判断答案是否正确，如图 2-84 所示。

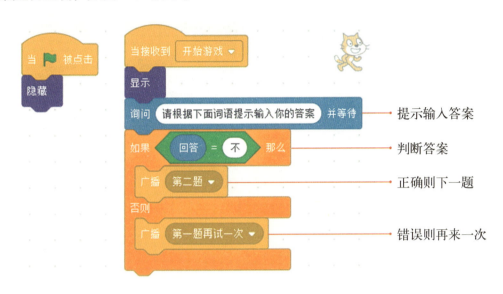

图 2-84　小猫猜成语脚本

【讨论】

一般在游戏体验中，我们都会为玩家提供几次"生命值"，以方便玩家在不小心输入错误后还有机会继续进行游戏体验。如果我们要为猜成语游戏设置两次或多次的体验计划，应该怎么实现呢？

小猫有一次机会可以重新输入猜成语的答案，如果第二次还猜错则游戏结束，脚本如图 2-85 所示。

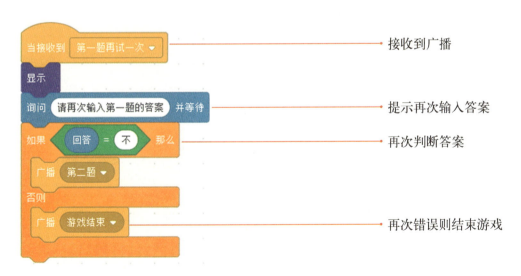

图 2-85　小猫第二次猜成语脚本

单击"绿旗" ，测试程序。如果运行成功，同学们可以在小猫角色中复制脚本，并修改复制的脚本以实现第二题的判断，这样的游戏就更加有趣了，如图 2-86 所示。

图 2-86 小猫猜成语第二题脚本

在"第二题"角色中,我们还需要添加相应的脚本,如图 2-87 所示。

图 2-87 "第二题"角色对应的脚本

四、游戏结束设置

1. 游戏胜利设置

可以设置小猫猜对所有的成语后显示鼓励话语:"你真棒!全部答对了!",同时设置"鼓掌"声音响起,如图 2-88 所示。

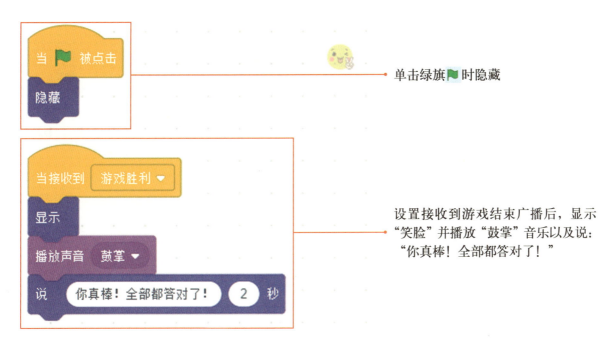

图 2-88 设置小猫答对所有题目程序

2. 游戏失败设置

如果小猫每一题两次输入答案都错误，那么游戏失败，设置游戏失败的脚本如图 2-89 所示。

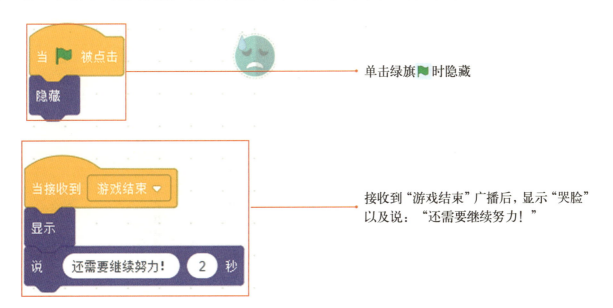

图 2-89 小猫猜成语失败脚本

【实验】

请单击"绿旗"进行程序测试，尝试输入不同的答案，观看程序是否可以调整成功，并通过编写程序脚本来进行验证。

【实施】

各小组根据所选定的小项目主题及其拟定的小项目方案，结合本节所学知识，实施相关活动，创作小项目作品。

【展评】

(1) 各小组运用数字可视化工具,将所完成的项目成果,在小组和全班中或在网络上进行展示与交流,优化方案,迭代改进,完善作品。

(2) 各小组根据小项目选题、方案、实施情况以及所形成的小项目成果,参考本书附录中的"项目活动评价表",开展项目学习活动评价。

第九节 小猫闯华容道

● 情境

小猫最近观看《三国演义》,被其中的华容道故事深深吸引,也想挑战一下华容道。小猫可以闯成功吗?

● 问题

小猫闯华容道。

● 范例

小猫闯华容道(见图2-90)。

图 2-90　小猫闯华容道

● 项目选题

请同学们以3~6人为一组,选择下面一个参考主题,或者自拟一个自己感兴趣的主题,开展一个小项目的学习:

(1) 小猫闯迷宫

(2) 小猫推箱子

(3) 小猫躲礁石

● 项目规划

各小组根据本组的小项目主题，参照项目范例的样式，利用思维导图工具，制定相应的作品制作方案，如图2-91所示。

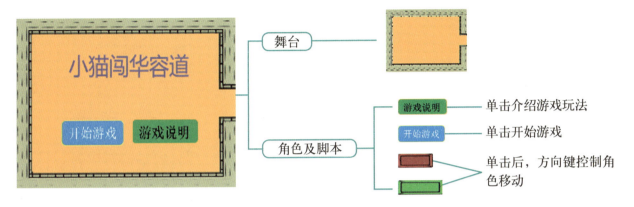

图2-91　小猫闯华容道分析图

【阅读】

Scratch角色之间的判断除了用侦测碰撞积木之外，还可以使用舞台坐标值与角色坐标值进行比较判断。华容道是中国民间古老的益智游戏，通过移动各个方块，帮助红色方块从初始位置移到棋盘最右边中部，从出口逃走。不允许跨越棋子，还要设法用最少的步数把"曹操"移到出口。

一、游戏前期准备

添加游戏背景，单击"上传背景"按钮，选择"小猫闯华容道"背景。

当鼠标碰到游戏角色时，产生放大的效果，脚本如图2-92所示。

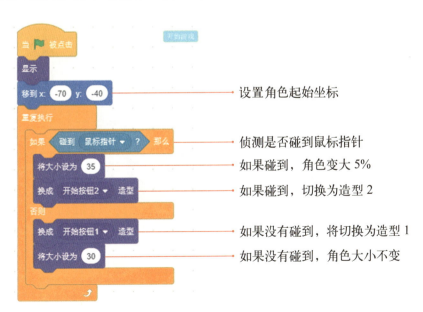

图2-92　设置游戏角色效果

通过 [当角色被点击] 与 [广播 开始游戏] 指令来实现角色被鼠标单击时开始闯华容道游戏，并且使用 [隐藏] 指令使角色隐藏，因此"开始游戏"角色的完整脚本如图 2-93 所示。

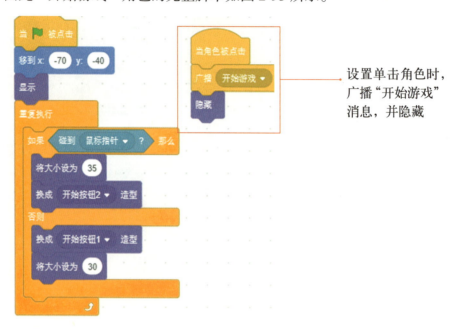

图 2-93 开始游戏角色完整脚本

【思考】

除了设置"开始游戏"按钮的动态变化效果，是否还可以设置标题文字从上向下飞入到指定位置的效果呢？

上传"游戏说明"角色，设置脚本使角色碰到鼠标指针时放大，单击时小猫开始讲解游戏规则，如图 2-94 所示。

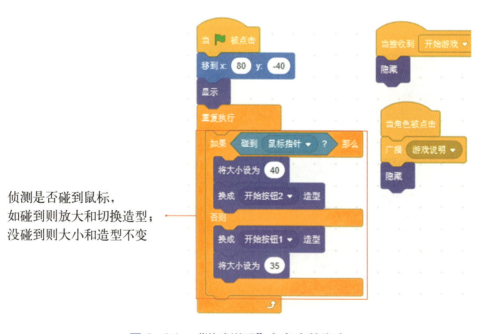

图 2-94 "游戏说明"角色完整脚本

让小猫讲解游戏规则，当单击 🏁 时，小猫隐藏；当收到"游戏说明"消息时，显示并讲解游戏规则，如图 2-95 所示。

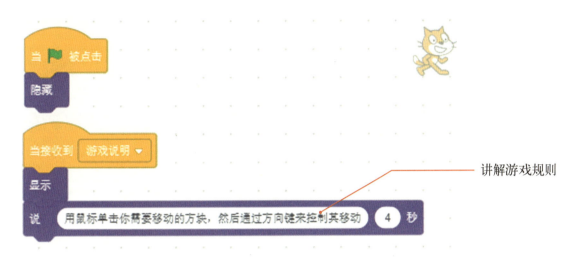

讲解游戏规则

图 2-95　设置小猫讲解游戏规则

二、让方块移动起来

单击"上传角色"按钮，选中所需上传的红色方块和绿色方块，确定方块移动的规则：横向方块只可以左右移动；竖向方块只可以上下移动。

设置红色方块的起始坐标，当单击 🏁 时，红色方块隐藏；当接收到"开始游戏"广播时，红色方块显示，如图 2-96 所示。

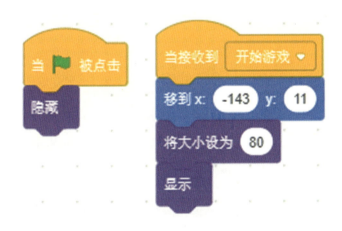

图 2-96　定位红色方块与角色隐藏与显示

当单击红色方块时，可以通过左右键来控制红色方块的左右移动，设置如图 2-97 所示。

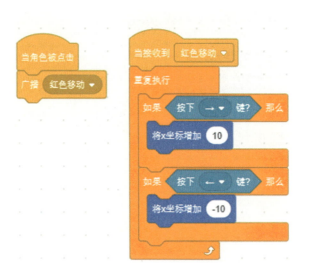

图 2-97 设置方向键控制红色方块左右移动

【讨论】

在游戏中,我们设定各种方块的移动要在框内,如何让角色不会移到方块外面呢?

通过逻辑模块中的 ⬭<⬭ 指令来进行角色坐标与舞台坐标的对比,让红色方块不会移出预设的边框,如图 2-98 所示。

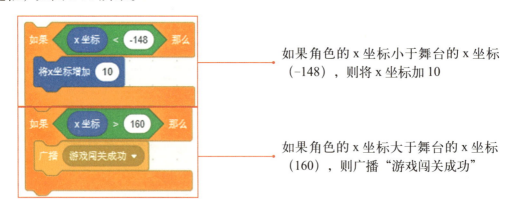

如果角色的 x 坐标小于舞台的 x 坐标 (-148),则将 x 坐标加 10

如果角色的 x 坐标大于舞台的 x 坐标 (160),则广播"游戏闯关成功"

图 2-98 控制红色方块不移出预设方框脚本

使用 碰到 竖向绿色方块? 指令来判断红色方块是否遇到绿色方块,如果遇到则红色方块不能向右移动,脚本如图 2-99 所示。

图 2-99 红色方块遇到竖向绿色方块时不能向右移动脚本

当我们能单击绿色方块时,需要通过 停止 该角色的其他脚本 指令停止红色方块的其他脚本,如图 2-100 所示。而红色方块的完整脚本如图 2-101 所示。

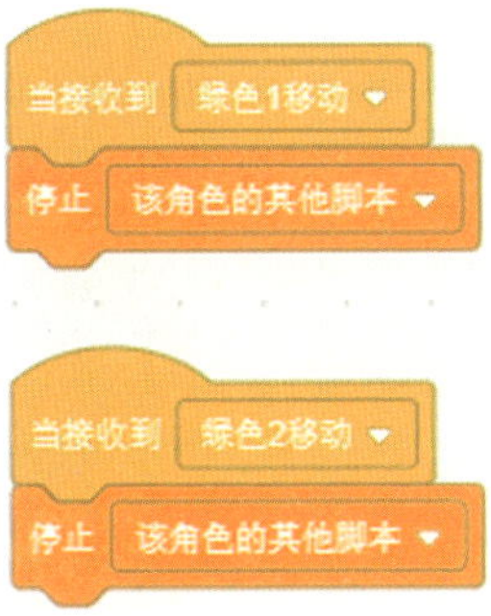

图 2-100　鼠标单击绿色方块时红色方块所有脚本停止

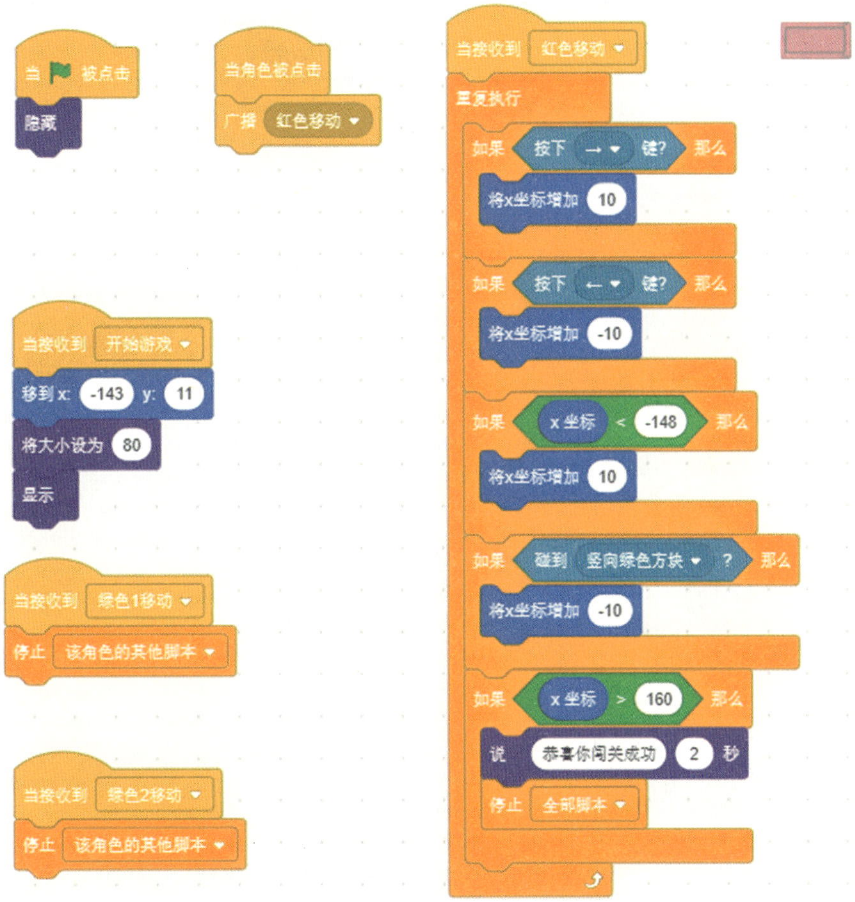

图 2-101　红色方块完整脚本

三、方块排排放

因为横向绿色方块和红色方块的指令类似，我们可以通过复制脚本的方法将红色方块的脚本复制到绿色方块中，对复制的脚本进行修改后如图 2-102 所示。

因为竖向绿色方块和横向绿色方块的移动方向有所不同，因此需要将 ![将x坐标增加 10] 指令修改为 ![将y坐标增加 10] 指令，对复制脚本进行修改后如图 2-103 所示。

电脑制作

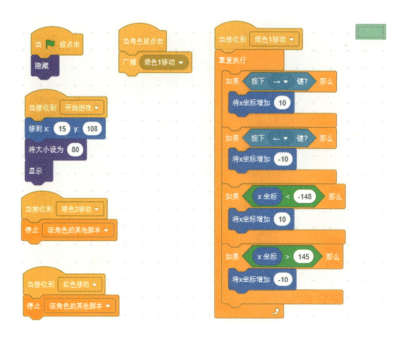

图 2-102　横向绿色方块脚本

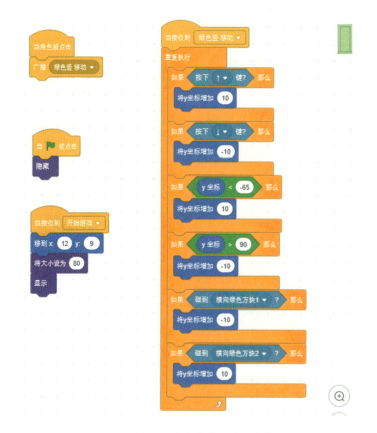

图 2-103　竖向绿色方块脚本

【实验】

请单击"绿旗" 🚩 进行程序测试，测试方块是否是单击哪个移动哪个，并且当方块移动到边框时是否停止向前移动，并通过编写程序脚本来进行验证。

【实施】

各小组根据所选定的小项目主题及其拟定的小项目方案，结合本节所学知识，实施相关活动，创作小项目作品。

【展评】

（1）各小组运用数字可视化工具，将所完成的项目成果，在小组和全班中或在网络上进行展示与交流，优化方案，迭代改进，完善作品。

（2）各小组根据小项目选题、方案、实施情况以及所形成的小项目成果，参考本书附录中的"项目活动评价表"，开展项目学习活动评价。

本章扼要回顾

同学们通过本章学习，根据"创意编程"的知识结构图，扼要回顾、总结、归纳学过的内容，建立自己的知识结构体系。

电脑制作

回顾与总结

附录　项目活动评价表

各小组根据项目选题、拟定的项目方案、实施情况以及所形成的项目成果，按照下表开展项目学习活动评价。

序号	评价指标	评价要点	评价结果
1	作品选题	作品选题新颖，内容健康向上 选题贴近生活，做到学以致用 选题勇于创新，无常识性错误 具备一定的趣味性、实用性	☐优秀 ☐良好 ☐中等 ☐仍需努力
2	作品规划	会使用思维导图进行作品规划 科学组建小组，成员分工明确 任务分配合理，责任落实到人 明确制作进度，按时完成任务	☐优秀 ☐良好 ☐中等 ☐仍需努力
3	作品制作	非原创素材制作，无版权争议 及时记录制作中所遇到的问题 作品功能到位，迭代调测优化 遇到问题，团队共同讨论解决	☐优秀 ☐良好 ☐中等 ☐仍需努力
4	作品分享	讲解自然、清晰，仪态大方得体 声音洪亮，抑扬顿挫，用词恰当 作品演示娴熟，能体现团队精神 注重经验分享，礼貌回答问题	☐优秀 ☐良好 ☐中等 ☐仍需努力
5	学习反思	及时收集、归类创作所用素材 对所遇新问题，协同研讨解决 学习积极主动，交流讨论热烈 聆听他人建议，反思创作过程	☐优秀 ☐良好 ☐中等 ☐仍需努力